Ti-Jean-le-Fort

Melvin Gallant

Ti-Jean-le-Fort

CONTES ACADIENS

L'éditeur désire remercier la Direction des Arts du Nouveau-Brunswick, le Conseil des arts du Canada et le ministère canadien des Communications pour leur contribution à la réalisation de ce livre.

Graphisme : Raymond Thériault

ISBN 2-7600-0183-0

© Les Éditions d'Acadie, 1991
C.P. 885
Moncton, N.-B.
E1C 8N8
Canada

AVANT-PROPOS

Les contes de Ti-Jean, comme tous les contes, d'ailleurs, font partie du patrimoine culturel international. Toutefois, chaque conteur de chaque pays les transmet à sa façon, leur donnant ainsi certaines caractéristiques qui les distinguent les uns des autres. Les neuf contes qui composent ce recueil et qui ont tous, comme personnage principal, Ti-Jean, proviennent essentiellement de la tradition populaire acadienne. Cependant, ils ont été réécrits et souvent largement remaniés afin de leur donner une allure plus moderne. Certains textes, par exemple, empruntent à plusieurs contes en même temps, tandis que d'autres font de Ti-Jean un personnage qui a des sentiments et éprouve des émotions, ce qui ne correspond guère à l'esprit du conte traditionnel. Cependant, ces changements ne modifient en rien le caractère aventureux et fantastique de ces contes qui demeurent foncièrement des contes populaires. Ti-Jean est resté le même petit bonhomme tantôt fort, tantôt rusé, tantôt forcé d'avoir recours à des éléments surnaturels afin de vaincre les obstacles qui se présentent sur son chemin. *Ti-Jean-le-Fort* se veut donc une suite logique à *Ti-Jean, contes acadiens*, paru en 1973.

M.G.

L'OISEAU DE LA MORT

Ti-Jean était un jeune homme audacieux qui vivait pauvrement avec sa mère, dans une petite maison au fond des bois. Il était si fort et si habile à se battre avec les bêtes de la forêt qu'on l'avait surnommé Ti-Jean-la-Ruse. Certaines personnes le considéraient même comme le roi de la forêt. Mais lui, il savait que la forêt abritait un vrai roi, et que ce vaste domaine sur lequel il chassait appartenait en fait à ce roi. Un jour il dit à sa mère :

— Il faut que j'aille rencontrer le roi de la forêt.

— Mais tu es fou, lui cria-t-elle. Le roi habite à cent lieues d'ici. Tu n'y arriveras jamais.

— Ne t'inquiète pas, maman, dit-il. J'y arriverai; tout comme je viens à bout de tout.

Lorsque Ti-Jean avait décidé de faire quelque chose, il était inutile d'essayer de le persuader de faire le contraire. Il suivait son idée sans s'occuper des autres. Ainsi, sa mère dut l'aider à préparer un petit sac de nourriture et des vêtements chauds. Et le lendemain, Ti-Jean se mit en route.

Au bout de deux jours de marche, il s'arrêta à une petite cabane au bord de la route pour demander l'hospitalité et pour s'informer de la route qu'il avait encore à parcourir. Un couple âgé l'accueillit. Ils lui donnèrent à manger, un endroit où coucher, et ils lui indiquèrent la meilleure route à suivre pour arriver à la ville, où se trouvait le château du roi de la forêt. Mais en même temps, ils l'avertirent du danger que comportait cette route.

Au bout de trois jours de marche, après avoir rencontré des tempêtes et s'être battu avec des animaux, il arriva à une autre cabane située en bordure de la route dans la forêt. Là, une vieille sorcière vint l'accueillir chaleureusement. Il y avait si longtemps qu'elle n'avait pas vu d'êtres humains, disait-elle. C'était une bonne sorcière. Elle l'invita à manger et à dormir. Et le lendemain matin, avant de lui indiquer le chemin à suivre pour se rendre chez le roi de la forêt, elle lui fit un cadeau.

– Voici, dit-elle, une serviette et un couteau qui pourront t'être très utiles.

Ti-Jean ne savait comment la remercier : une belle serviette dorée avec laquelle il avait déjà envie de s'essuyer, et un drôle de petit couteau avec un manche en bois. La vieille sorcière ajouta :

– Les quelques lieues qu'il te reste à faire sont les plus difficiles et les plus dangereuses; alors tu auras peut-être besoin de ces instruments. Quand tu auras faim, ajouta-t-elle, tu n'auras qu'à étendre cette serviette sur tes genoux et elle te procurera à manger. Quand tu auras envie de dormir, tu n'auras qu'à t'essuyer le visage avec la serviette et tu dormiras. Quant au couteau, il a l'air petit, mais tu n'auras qu'à dire : «Couteau, étire-toi!» et il prendra la forme d'un sabre long de dix pieds.

Ti-Jean était tellement content qu'il n'avait qu'une envie, c'était de partir afin de pouvoir mettre ses objets magiques à l'épreuve. Mais la sorcière avait encore une révélation à lui faire.

– Il y a dans cette forêt, dit-elle, un aigle géant que tout le monde appelle l'Oiseau de la mort. Il est très méchant et dangereux. Quand il passe au-dessus de la forêt, il déplace tellement d'air que les arbres se couchent sous la force du vent. Fais attention.

– Ne craignez rien, dit Ti-Jean. Je ferai bien attention. Et encore une fois, mille mercis.

Le lendemain soir, alors que Ti-Jean s'approchait de la ville, un vent épouvantable se leva. Ti-Jean crut, pour un moment, qu'il s'agissait d'un ouragan. Mais tout de suite après, il pensa à ce que lui avait dit la sorcière. Il se dit : «Voilà l'Oiseau de la mort qui vient.» À un moment donné, il ventait tellement fort qu'il dut s'attacher à un arbre pour ne pas être emporté par le vent. Quand le calme revint, il continua sa route, faisant des détours pour éviter les animaux sauvages, jusqu'à ce qu'il se trouvât sur le faîte d'une montagne. De là, il put voir la ville, qui ne se trouvait plus qu'à une lieue dans la vallée. Il fut très surpris de voir, sur cette montagne dont le sommet était tout à fait dénudé, une immense chaise et une grosse roche. Qu'est-ce que cela pouvait bien signifier? Il n'en savait rien. Il semblait n'y avoir personne autour.

Il descendit de la montagne avec beaucoup de difficulté, devant se frayer un chemin à coups de couteau à travers une forêt dense. Lorsqu'il arriva aux abords de la ville, il vit beaucoup de gens sortir par la grande porte, l'air comme abattu par une grande peine. Il interrogea un groupe de personnes qui marchaient la tête basse.

– Que se passe-t-il dans la ville? demanda-t-il.

– C'est la princesse, répondit le plus vieux. Nous sommes allés lui dire au revoir, car demain, son père doit la confier à l'Oiseau de la mort.

– Pourquoi ça? interrogea Ti-Jean, l'air perplexe.

– Parce que chaque année, à cette date-ci, l'Oiseau de la mort réclame quelque chose : un serviteur, un mouton, un cochon. Et si on n'obéit pas, le malheur s'abat sur toute la ville, car il peut tout tuer et tout détruire. Le roi a déjà envoyé une armée pour essayer de le détruire, mais c'est l'armée qui a été mise en pièces. Cette fois, l'Oiseau réclame sa deuxième princesse. Il avait déjà réclamé l'aînée, il y a sept ans, et on ne l'a plus jamais revue.

– Il exagère! marmotta Ti-Jean, tout en se dirigeant vers le château.

Ti-Jean voulait aller dire au roi qu'il délivrerait la princesse de l'Oiseau de la mort, mais en cours de route, il changea d'avis. «Si je ne réussis pas, pensa-t-il, j'aurai l'air bête. Et en plus, le roi pourrait essayer de m'empêcher d'aller me battre contre l'Oiseau de la mort afin que je n'attire pas davantage le malheur sur la ville.» Alors il décida de ne rien dire à personne et de monter au haut de la montagne, où le roi devait aller conduire sa fille.

Lorsque Ti-Jean fut rendu au sommet, il s'installa dans un petit bosquet, près de l'endroit où la montagne était dénudée, pour y passer la nuit. Le lendemain matin, il n'y avait toujours personne sur la montagne, mais il sentait le vent devenir de plus en plus fort. Vers midi, il vit le roi arriver au sommet avec sa fille en pleurs. Les deux s'embrassèrent longuement, puis le roi se mit à descendre lentement de la montagne, en luttant contre le vent.

Ti-Jean sortit alors de sa cachette et alla, tant bien que mal, s'installer à côté de la grande chaise sur laquelle la princesse était assise. Lorsqu'elle le vit arriver, elle s'écria :

— Va-t'en d'ici, car tu vas être tué par l'Oiseau de la mort, et le malheur va s'abattre sur la ville.

— Ne crains rien, belle princesse, dit-il. Je suis venu pour t'aider.

— Qui es-tu pour parler ainsi? demanda-t-elle.

— Je suis Ti-Jean-la-Ruse, répondit-il. Mais ne répète jamais mon nom à qui que ce soit, car cela pourrait me porter malheur.

La princesse continuait cependant à protester et voulait qu'il s'en allât. Alors Ti-Jean prit sa serviette et essuya le visage de la princesse. Aussitôt, celle-ci s'endormit.

Malgré le vent qui devenait de plus en plus violent, Ti-Jean réussit à placer sa serviette et son couteau, devenu maintenant un grand sabre, près de la chaise de la princesse. Il s'installa sous la chaise et attendit. Bientôt, le ciel s'assombrit et le vent devint insoutenable. La princesse dormait toujours sur sa chaise. Quelques instants plus tard, Ti-Jean vit apparaître l'Oiseau de la mort dans le ciel. D'abord, ce n'était qu'une tache noire avec des ailes qui battaient comme celles d'une cigale; mais plus l'oiseau approchait, plus il devenait immense. Quand il atterrit sur le sommet de la montagne, il était plus gros qu'un éléphant.

L'oiseau avançait en se dandinant. Lorsque l'aigle géant arriva près de la princesse, Ti-Jean sortit de sa cachette.

– Si vous emmenez la princesse, dit-il, il va falloir que vous m'emmeniez aussi, et ça ne sera pas drôle.

– Enlève-toi donc de là, espèce de puce, grogna l'oiseau avec nonchalance.

L'aigle géant marcha vers Ti-Jean, qui aussitôt sortit son sabre et lui coupa l'aile droite. Là, il commença à avoir peur, car l'oiseau devint furieux. Il se mit à courir après Ti-Jean, qui faisait le tour de la grande chaise sur laquelle la princesse dormait toujours. Ti-Jean prit le risque de donner un autre grand coup de sabre, et boum! l'aile gauche tomba par terre. L'oiseau avait l'air horrible sans ses ailes. Il courait comme un damné et le sang coulait partout. Ti-Jean se rendit vite compte que l'oiseau n'en avait plus pour longtemps. Alors il ramassa son courage à deux mains, prit son sabre, grimpa sur le dos de la chaise et paf! Un grand coup de sabre et la tête bondit par terre. Le sang gicla sur la princesse endormie, puis le corps de la bête s'écrasa sur le rocher. L'Oiseau de la mort connaissait enfin la mort.

«Bon débarras!» se dit Ti-Jean. Comme le corps de l'oiseau se trouvait au bord du précipice, il n'eut pas de difficulté à le faire rouler en bas de la montagne. Quant aux autres parties, pas moyen de les bouger. Il aurait voulu apporter la tête pour la montrer au roi, mais elle était trop lourde. Il décida alors de couper un petit bout de l'énorme bec de l'oiseau afin de l'emporter avec lui. Il mit ce bout de bec dans son sac et dévala la montagne en direction de la ville, laissant la princesse et les débris de l'oiseau au sommet.

La princesse dormit pendant trois jours et trois nuits. Le matin du quatrième jour, elle se réveilla en sursaut. Se voyant couverte de taches de sang, elle crut faire un cauchemar. Elle se pinça le bras et se rendit compte qu'elle était toujours vivante. Alors elle se leva. Mais en voyant cette tête d'oiseau géante à côté d'elle, elle eut peur. Elle comprit cependant assez vite que quelqu'un avait tué l'oiseau. Pourtant, elle ne se souvenait de rien. Elle prit le chemin de la ville en tremblant, de peur que ce n'eût été qu'un rêve.

Lorsqu'elle arriva chez elle, sa famille l'accueillit avec étonnement. Elle leur raconta ce qu'elle avait vu, ce qui entraîna le roi dans une profonde réflexion. Qui donc avait bien pu réussir un tel exploit?

À cinquante lieues de l'autre côté de la ville vivait un roi méchant dont le fils aimait chasser. Un jour que ce prince était en train de chasser, il vit un orignal et voulut le capturer. Il se mit à le poursuivre sur son cheval à travers bois et clairières. Mais l'orignal courait trop vite et le prince finit par perdre sa trace. Cependant, il avait fini par se perdre, lui aussi. En effet, il avait couru pendant si longtemps qu'il était maintenant égaré. Il décida alors de poursuivre son chemin jusqu'à ce qu'il arrivât dans un lieu connu. Quelques heures plus tard, il se retrouva au haut de la montagne où l'Oiseau de la mort avait été abattu. Il connaissait l'histoire de l'Oiseau de la mort et savait que la princesse venait d'être délivrée de l'oiseau. Personne ne savait comment elle avait été délivrée. Le prince pensa : «Voilà ma chance de gagner les faveurs du roi et peut-être d'obtenir la main de la princesse.» Avec peine et misère, il attacha la tête de l'oiseau sur son cheval et partit vers la ville.

Ti-Jean, de son côté, n'était pas allé voir le roi tout de suite. Il s'était trouvé un travail comme maçon, en ville, et il avait décidé d'attendre quelques jours pour voir ce qui allait se passer. Ainsi, il avait appris que la princesse était revenue chez son père, et qu'elle ignorait qui avait tué l'oiseau. Mais quelle ne fut pas sa surprise d'entendre dire, un beau jour, que le roi invitait tous les habitants de la ville à une grande fête, le samedi suivant, pour célébrer le mariage de sa fille avec le prince du royaume voisin. On racontait que le prince avait tué l'Oiseau de la mort et délivré la princesse, de même que la ville, du malheur. «Ça ne se passera pas comme ça, se dit Ti-Jean, je vais y aller à ce mariage et je vais le confronter, ce blanc-bec de prince menteur!»

La princesse, de son côté, avait dit à son père qu'elle ne connaissait pas cet homme qui venait lui apporter la tête d'un oiseau géant.

– Je ne me souviens de rien, dit-elle. J'ai perdu connaissance après avoir vu un jeune homme près de moi qui m'a défendu de dire son nom. Mais ce jeune homme n'est pas le prince : ça, j'en suis sûre.

Le jour du mariage, Ti-Jean se rendit à la salle du château où l'on célébrait l'événement. Il vit la princesse, le roi, la reine, puis le prince du pays voisin et sa famille. Le prince semblait soucieux et pas très heureux pour un jour de mariage.

À la fin du grand banquet, comme c'était la coutume à l'époque, on demanda à chacun des personnages importants de raconter l'histoire de sa vie. Le roi raconta son histoire; la princesse aussi. Quand vint le tour du prince, il parla surtout du fait qu'il était un grand chasseur et qu'il n'avait pas eu beaucoup de difficulté à tuer l'Oiseau de la mort. Il l'avait d'abord abattu avec son mousquet, puis ensuite, il lui avait coupé la tête et les ailes pour être certain qu'il ne recommencerait pas à voler.

Ti-Jean n'en pouvait plus d'entendre cette histoire si loin de la vérité. Il se leva et s'avança droit devant la table d'honneur.

– Messire le roi, dit-il, cette histoire est fausse. C'est moi qui ai tué l'Oiseau de la mort.

Le roi voulut renvoyer cet intrus, mais la princesse l'arrêta en proclamant :

– Mon père, il dit peut-être vrai. C'est lui, je pense, qui était à mes côtés avant que je perde connaissance.

– As-tu des preuves? demanda le roi.

– Toutes les preuves que vous voulez, continua Ti-Jean. D'abord, princesse, si vous vous rappelez mon nom, celui que je vous ai demandé de ne pas dévoiler, écrivez-le sur une feuille de papier et donnez-la à votre père. Moi, je ferai de même, et nous verrons si les deux noms correspondent.

Aussitôt dit, aussitôt fait. Le roi regarda les deux feuilles de papier et confia aux convives :

— En effet, c'est le même nom : Ti-Jean-la-Ruse.

Alors le prince, indigné, se leva et s'écria :

— Ce n'est pas une preuve suffisante. Sire le roi, il faut plus de preuves que ça pour croire un roturier.

— Mais en avez-vous, vous, des preuves? rétorqua Ti-Jean.

— Bien sûr que j'en ai, reprit le prince. J'ai la tête de l'oiseau, moi. N'est-ce pas assez?

— Alors, montrez-nous cette tête! continua Ti-Jean, furieux.

Le prince demanda à ses deux gardes du corps de l'aider à apporter la tête de l'oiseau dans la salle. Ils l'amenèrent directement devant la table d'honneur et la posèrent par terre.

— La voilà ma preuve, déclara le prince.

— Mais, répliqua Ti-Jean, n'avez-vous pas remarqué que le bout de la partie inférieure de son bec manquait?

— La partie inférieure du bec! marmonna le

prince, qui n'avait rien remarqué d'anormal.

– Eh bien! cette partie-là, continua Ti-Jean, c'est moi qui l'ai! Je lui ai coupé une partie du bec après l'avoir tué, parce que j'étais à pied et que la tête était trop lourde pour que je puisse la rapporter seul.

Le prince ne dit plus rien. Il retourna à sa place, la tête basse. Le roi comprit, par le silence du prince, que c'était vraiment Ti-Jean qui avait tué l'Oiseau de la mort. La foule criait maintenant.

– Il faut le punir! Il faut le punir!

– Quelle punition devrait-on lui infliger? demanda le roi à Ti-Jean.

– Je ne suis pas un juge, répliqua Ti-Jean. Je voulais seulement que la vérité soit connue.

– Mettez le prince en prison, ordonna le roi, et demain, on le pendra sur la place publique.

– Si je peux dire un mot, ajouta Ti-Jean, je vous demanderais de lui laisser la vie sauve, mais de le mettre plutôt en prison pour dix ans.

– Faveur accordée! dit le roi.

Et les gardes du roi saisirent le prince, malgré les protestations et les menaces de sa famille qui proclamait son innocence, et le mirent en prison. Le roi dit alors à Ti-Jean :

– Puisque vous avez délivré la princesse, vous avez droit à une partie de mon royaume et à la main de ma fille, si vous et elle le désirez.

– Merci, dit Ti-Jean, mais je ne peux rien accepter pour l'instant. Je dois d'abord m'absenter pendant quelques jours. Après, on verra.

– Comme vous voudrez, dit le roi. Mais sachez que vous serez toujours le bienvenu dans ce château, quelle que soit l'heure du jour ou de la nuit où vous arriverez.

La princesse avait l'air triste. Même si elle ne connaissait pas bien Ti-Jean, elle s'était comme attachée à lui parce qu'il lui avait sauvé la vie et qu'il était généreux. Mais Ti-Jean avait d'autres plans. Tout d'abord, il fallait qu'il retournât voir la vieille sorcière qui lui avait demandé de revenir chez elle si jamais il arrivait à tuer l'Oiseau de la mort.

Le lendemain matin, Ti-Jean prit donc la route pour se rendre chez la sorcière. Le trajet fut vite fait cette fois-ci, car il connaissait le chemin et il y rencontra moins d'embûches. La sorcière semblait l'attendre. Ti-Jean lui raconta ses aventures, qu'elle connaissait déjà en partie, car ses pouvoirs lui permettaient de savoir ce qui se passait dans le monde.

– Tu as vaincu l'Oiseau de la mort, déclara-t-elle. Maintenant, tu dois délivrer tous ces êtres humains et ces animaux que l'Oiseau gardait prisonniers dans son domaine.

– Et comment puis-je faire cela? interrogea Ti-Jean.

– Je vais t'expliquer, dit la sorcière. Tu vas retourner à la montagne et, avec la pointe de ton couteau, tu vas détacher, sans la briser, la plus longue plume de l'Oiseau de la mort. Cette plume te servira de monture pour voler. Lorsque tu pencheras la plume vers le nord, elle tournera à gauche; lorsque tu la pencheras vers le sud, elle ira à droite. Et pour descendre ou monter, tu braqueras la pointe vers le bas ou le haut. De cette façon, en partant du sommet de la montagne en direction du soleil levant, tu devrais arriver au domaine de l'oiseau en peu de temps.

Ti-Jean lui promit qu'il allait faire de son mieux pour délivrer tout ce monde, et qu'il lui ferait plus tard un compte rendu de son travail. Avant de remonter sur la montagne, il s'arrêta au château pour voir ce qui se passait. Il trouva le roi dans un état de profonde inquiétude. Le méchant roi, le père du prince emprisonné, venait de lui envoyer un ultimatum. Il lui demandait de libérer son fils dans les quarante-huit heures, sans quoi il attaquerait le château avec son armée.

– Son armée est bien plus puissante que la mienne, déclara le roi. Je ne suis pas capable de me défendre. Il va falloir que je libère notre prisonnier.

– Laissez-moi faire, insista Ti-Jean. J'ai vaincu l'Oiseau de la mort. Je devrais pouvoir battre une armée comme celle du roi méchant.

– Ah non, non! Ne faites pas cela, dit le roi. Je ne veux pas perdre un autre des miens. Il y a assez de ma première princesse que j'ai perdue et qui me manque énormément.

Mais Ti-Jean n'écouta pas les protestations du roi. Il demanda au roi l'autorisation d'emprunter un de ses chevaux. Il ramassa son petit couteau et partit à la rencontre de l'armée du méchant roi. C'était une toute petite armée d'une soixantaine d'hommes. Lorsque Ti-Jean les vit apparaître, il déploya son couteau pour en faire un sabre de dix pieds et il lança son cheval sur le peloton de tête. Son sabre était si long que personne n'arrivait à le toucher avant qu'il ne les transperçât. Lorsque le roi méchant vit que la moitié de ses hommes gisaient par terre, il décida de battre en retraite. Ti-Jean lui fit alors signer un traité de paix qu'il rapporta au roi. Le prince pouvait rester dans sa prison, et Ti-Jean était libre d'exécuter son plan.

Il escalada la montagne, réussit à enlever la plus longue plume des ailes de l'aigle géant sans l'abîmer, et s'envola en direction du soleil levant. L'action de voler lui procura une sensation de bien-être extraordinaire. Pendant quelques instants, il regretta que le sort n'eût pas fait de lui un oiseau. Mais il revint vite à la réalité lorsqu'il aperçut le domaine de l'Oiseau de la mort. Ce domaine était entouré d'une gigantesque clôture en pierre et en fer, surmontée d'une multitude de morceaux de vitre tranchants. Sûrement, personne n'avait osé escalader ce mur. Ti-Jean compta à l'intérieur au moins une trentaine de personnes, des hommes, des femmes, des enfants, tous attachés par les pieds.

– Y a-t-il ici une princesse? demanda Ti-Jean.

– Oui, à l'intérieur. Dans la chambre du haut, dit un vieil homme.

Ti-Jean gravit les marches de l'escalier et découvrit, dans la chambre du haut, l'une des plus belles femmes qu'il eût jamais vues.

– Êtes-vous la fille du roi? demanda-t-il.

– Oui, répondit la princesse. Mais que faites-vous ici? Si c'est l'Oiseau de la mort qui vous envoie, je ne peux pas vous parler.

– L'Oiseau de la mort est mort, lança Ti-Jean.

– Il est mort!

– Oui! Je l'ai tué alors qu'il s'apprêtait à faire de votre petite sœur une prisonnière.

— Ma petite sœur! Ah! ma pauvre petite sœur! murmura faiblement la princesse en sanglotant.

— Vous allez venir avec moi, continua Ti-Jean. Je vous ramène au château de votre père.

La princesse pouvait à peine en croire ses oreilles. Lorsqu'ils sortirent tous les deux du château pour annoncer la nouvelle aux autres, un grand cri de joie perça le silence de la forêt. Chacun se sentait délivré et voulait que Ti-Jean l'amenât à la ville.

— Chacun votre tour! cria Ti-Jean. D'abord, je ramène la princesse. Après, je viendrai vous chercher. Vous avez vu ma monture? Je ne peux pas en prendre plus d'un à la fois.

Alors Ti-Jean fit monter la princesse avec lui sur la plume géante, et en un rien de temps, ils atterrirent dans la cour du château. Le roi, la reine et la princesse accoururent. Ils pouvaient à peine croire ce qui leur arrivait.

— Ce n'est pas possible, dit le roi à Ti-Jean. Comment avez-vous fait?

Les deux princesses s'étaient embrassées, et elles pleuraient. Ti-Jean souriait. Il était content de son exploit. Le roi et la reine avaient de la peine à contenir leur joie. .

— Écoutez, Ti-Jean, dit le roi. Il faut que vous restiez avec nous. Épousez l'une de mes filles.

Choisissez celle avec laquelle vous vous entendez le mieux, et nous ferons une grande fête.

Ti-Jean était très touché. Il était même tenté de dire oui et de choisir la plus âgée des princesses, celle qu'il venait de délivrer et qu'il trouvait à son goût. Mais il pensa à l'autre qui s'était attachée à lui. Il n'avait pas envie de lui faire de peine. Alors, il refusa l'offre du roi.

– J'ai encore du travail à faire, dit-il. Il faut que je libère les autres prisonniers. Puis il faut que je retourne voir une vieille dame que je connais bien dans la forêt, et ensuite ma mère. Après, on verra.

– C'est bon, dit le roi. Comme vous voudrez. Mais, comme je vous l'ai déjà dit, sachez que vous serez toujours le bienvenu dans ce château, quelle que soit l'heure du jour ou de la nuit où vous arriverez.

Ti-Jean le remercia, salua le reste de la famille, prit sa plume et s'envola vers le château de l'Oiseau de la mort afin d'en libérer le reste des prisonniers.

LE PRINCE MÉCONNU

Il était une fois un roi et une reine qui ne possédaient qu'un tout petit royaume et qui n'avaient eu qu'un seul enfant, un garçon. En voyageant à travers le monde, le roi avait remarqué combien les autres royaumes étaient riches et combien ils avaient de soldats et d'ouvriers à leur service. Il s'était dit : «Puisque la loi permet qu'un roi ou un prince puisse avoir jusqu'à dix femmes, il faut que notre fils épouse dix princesses, afin que nous puissions agrandir notre royaume.» De retour dans son pays, il alla voir son fils et lui dit :

– Mon fils, tu es maintenant en âge de te marier. Mais je n'ai qu'un tout petit royaume à te laisser en héritage. Il faut que nous agrandissions notre domaine, afin de devenir riches et de pouvoir nous défendre contre les envahisseurs. Je te demande donc d'épouser dix princesses.

– Dix princesses! s'écria le prince.

– Oui! dit le roi. C'est un ordre. Et je n'en accepterai pas une de moins.

– Mais où vais-je les trouver, mon père? continua le prince.

– Il y a bien des princesses de par le monde, mon fils. Tu n'as qu'à partir en voyage et à revenir avec dix princesses, et nous nous chargerons, ta mère et moi, d'organiser de grandes noces et de t'aider à te construire un royaume pour tes femmes et toi.

Quelques semaines plus tard, le prince partait en voyage avec tout un équipage. Il voyagea de par le monde; mais des princesses libres, il n'y en avait pas autant que le disait son père. Certaines familles royales n'en avaient pas. D'autres avaient déjà promis, ou marié, leurs princesses à des princes. Dans d'autres familles encore, les princesses avaient été enlevées. Bref, il n'en trouva que neuf.

Il s'apprêtait à revenir chez son père avec neuf princesses, au lieu de dix, lorsqu'un soir, en s'arrêtant dans une auberge, il aperçut une fille merveilleusement belle qui marchait le long du chemin. Il s'approcha d'elle en disant :

– Bonsoir, Mademoiselle. Je suis le prince Louis, du Royaume d'en Haut. Permettez-vous que je fasse un bout de chemin avec vous?

La jeune fille sursauta et le regarda d'un air dédaigneux. Sans doute plaisantait-il. Mais elle vit bientôt à sa démarche et à ses manières qu'il ne mentait pas, et qu'il devait effectivement être un prince, ou un roi.

– Que faites-vous dans ce village? continua le prince, pensant qu'il s'agissait peut-être après tout d'une princesse.

– Moi, j'habite ici, répondit-elle en souriant. C'est là ma maison, ajouta-t-elle en pointant du doigt une demeure dans le lointain. J'aide mes parents à la ferme.

– Vous êtes donc une paysanne? interrogea le prince.

– Oui! répondit simplement la jeune fille.

Tout en marchant, le prince lui raconta son histoire, comment il était parti à la recherche de dix princesses et il n'en avait trouvé que neuf. La jeune fille comprenait son problème et essayait de l'encourager. Le prince la trouvait de plus en plus aimable, et de plus en plus belle. Déjà, il l'imaginait en habit de princesse.

– Vous ne seriez pas intéressée, dit-il soudainement, à devenir ma dixième princesse?...

– Mais on ne devient pas princesse, rétorqua la jeune fille. On naît princesse, comme moi je suis née paysanne.

– Mais, si on vous habillait en princesse!... continua le prince. Je suis sûr que mon père ne verrait pas la différence, car vous êtes incroyablement belle; et il vous accepterait comme une de ses belles-filles.

La jeune fille, charmée par tant de gentillesse, et séduite par l'idée de vivre dans un château, répondit :

– Je suis très honorée de votre proposition. Mais je ne peux pas agir sans le consentement de mes parents.

– Alors, allons voir vos parents, proposa le prince.

Les deux prirent donc le petit chemin qui menait à la ferme. La jeune fille présenta à ses parents le prince Louis, qui leur raconta son histoire. Puis il demanda aux parents la main de leur fille. Le père consulta sa femme et finit par dire :

– Ma fille, tu es maintenant majeure; c'est à toi de prendre la décision. Si ton désir est d'épouser le prince, nous ne nous opposerons pas à tes projets.

Le prince remercia les parents, puis se retourna vers la jeune fille en disant :

– Je vais faire de vous une princesse. Venez à l'auberge que je vous donne de nouveaux habits.

Quelques jours plus tard, le prince arrivait au château de son père avec ses dix princesses. Le roi était très content. Il félicita son fils et ordonna la préparation de grandes noces. Tous les gens du village furent invités à ces célébrations, qui durèrent plus de trois jours. Entre temps, le château avait été agrandi et toute une section avait été aménagée pour les dix princesses, leurs valets et femmes de chambre. Le prince pensa alors qu'il n'avait plus qu'à faire des enfants, pour agrandir son royaume et mieux le défendre.

Ainsi, au cours de l'année suivante, chacune des neuf princesses donna naissance à un garçon. Le prince jubilait. Et le roi aussi. Neuf fils, qui allaient pouvoir devenir des soldats et défendre le royaume. À la fin de l'année, la paysanne n'avait toujours pas eu d'enfant. C'est alors que le prince décida de dire la vérité et de répudier une de ses femmes. Il alla s'excuser auprès du roi et de la reine pour leur avoir menti et il renvoya la paysanne.

Le roi n'était pas content. Il réprimanda son fils, d'abord pour l'avoir induit en erreur, ensuite pour avoir répudié cette femme. D'après lui, il aurait dû la garder, puisqu'il l'avait épousée. Mais il n'y avait rien à faire. Le prince était décidé à renvoyer cette femme puisqu'elle ne lui avait pas donné d'enfant comme les autres. Le roi prit alors la jeune paysanne en pitié et décida de s'occuper d'elle. Il écrivit une lettre à son cousin, le roi du Pays du Mitan, pour voir s'il n'accepterait pas cette jeune femme. Ce couple royal n'avait pas eu d'enfant et cherchait justement quelqu'un qui accepterait de vivre avec eux.

Une semaine plus tard, on apprit que le roi et la reine du Pays du Mitan acceptaient la jeune et belle paysanne et l'invitaient à venir vivre avec eux au château. La jeune fille se mit en route et trouva bientôt ses nouveaux parents qui l'accueillirent les bras ouverts, car ils avaient grandement besoin d'aide.

– Bienvenue chez nous! dirent-ils. Vous êtes ici chez vous!

– Merci! dit doucement la jeune fille. Je vous servirai au meilleur de mes capacités.

– Mais vous n'êtes pas à notre service, Mademoiselle, ajouta le roi. Vous êtes une des nôtres!

Sept mois plus tard, la jeune paysanne donnait naissance à son tour à un garçon. Le roi et la reine du Pays du Mitan étaient ravis. «C'est notre fils, se dirent-ils. Nous allons le faire baptiser sous le nom de Jean, Jean-le-Galant, car il sera certainement redoutable.»

Après le baptême, la jeune paysanne se rendit compte que ses nouveaux parents ne lui parlaient presque plus. Ils n'avaient d'attention que pour le petit Jean. Bientôt, ils se dirent :

«S'il n'y avait pas cette jeune femme à nos côtés, nous pourrions dire que cet enfant est le nôtre et nous pourrions lui léguer notre royaume en héritage.» C'est alors qu'ils décidèrent de séquestrer la jeune paysanne en l'enfermant dans une pièce tout en haut du château.

Ainsi, Ti-Jean grandit en pensant que le roi et la reine étaient son père et sa mère. Comme il était intelligent, ils lui donnèrent les meilleurs précepteurs qu'il y avait dans le pays, afin qu'il reçût une bonne éducation. Lorsqu'il atteignit la majorité, il se spécialisa dans les techniques de guerre, avec l'aide de son cheval blanc qu'il avait baptisé Gaillard.

Un jour où il était en train de jouer une partie de balle avec des amis dans le champ derrière le château, il aperçut une femme à la fenêtre du dernier étage qui semblait lui faire des signes de la main. À vrai dire, il avait déjà cru apercevoir une figure à cette même fenêtre auparavant, mais il s'était dit que ça devait être le fruit de son imagination. Cette fois, il n'y avait plus de doute, il distinguait très nettement la figure d'une femme.

La partie de balle terminée, il rentra au château et s'en alla directement voir le vieux roi.

– N'y aurait-il pas, demanda-t-il, une femme qui habite le château et que je n'aurais jamais vue?

Le roi fit semblant de ne rien comprendre.

– Une femme? s'exclama-t-il en fronçant les sourcils. Je n'ai jamais entendu parler d'une chose pareille.

– Alors, rétorqua Ti-Jean, furieux, cela veut dire que la discrimination et l'esclavage existent toujours dans ce royaume. J'insiste pour visiter la pièce qui se trouve tout en haut du château.

Lorsque le roi vit que Ti-Jean était bien décidé à visiter toutes les pièces du château, il pensa qu'il n'avait pas d'autre choix que de lui avouer la vérité. Alors il lui donna les clefs en disant :

– Va voir en haut du château. C'est ta mère qui vit là.

– Ma mère! s'écria Ti-Jean, tout bouleversé.

– Oui, continua le vieux roi, honteux. Nous voulions t'élever comme notre fils, afin de te donner notre royaume en héritage. Mais tu n'es pas notre fils.

Cette révélation fit mal au cœur de Ti-Jean. Jamais il n'aurait pensé que le roi et la reine n'étaient pas ses parents. Jamais il n'aurait cru que sa mère était une pauvre femme enfermée dans le même bâtiment que lui. Il escalada les marches quatre à quatre et courut de toutes ses forces jusqu'à la chambre de sa mère. Il ouvrit la porte en criant : «Maman! Maman!» et alla s'agenouiller à ses pieds. Sa mère le consola et lui raconta toute l'histoire, à partir du moment où son père à lui était venu la chercher en lui disant qu'il ferait d'elle une princesse, jusqu'à sa répudiation du château parce qu'elle ne lui avait pas donné d'enfant.

– Il faut que j'aille voir mon père, dit-il, furieux. Il faut que je le punisse pour ce qu'il a fait.

– Mais ce n'est pas entièrement de sa faute, lui dit sa mère. C'est également de la mienne. Je n'aurais pas dû accepter son offre. On ne change pas de classe sociale, comme ça, en croyant que tout va se passer comme dans les contes; et je n'aurais pas dû non plus accepter de venir dans ce château.

– Ne te tracasse pas, maman, dit-il en l'embrassant. À partir d'aujourd'hui, tu ne seras plus jamais prisonnière, et je trouverai bien le moyen de te venger de ton vilain mari.

Le jour même, la paysanne sortit de sa chambre close et commença à faire partie de la vie du château. Le vieux roi et la vieille reine s'excusèrent de leur comportement, et la paysanne leur pardonna leur geste ignoble.

Quelques semaines plus tard, Ti-Jean, ayant

retrouvé son calme et sa bonne humeur, se dit : «Il est temps d'aller retrouver mon père.» Il fit alors part de son désir à sa mère qui lui donna une lettre de présentation, afin qu'il pût se faire reconnaître, si cela s'avérait nécessaire.

Entre temps, le roi et la reine du Royaume d'en Haut étaient morts, de sorte que le prince Louis était devenu le roi Louis. Ainsi, les neuf garçons qu'il avait eus de ses neuf princesses étaient devenus, à leur tour, des princes. Lorsque le roi Louis vit Ti-Jean-le-Galant, sur son cheval, arriver au château, il se dit : «Voilà un fameux guerrier!»

Le roi Louis était en guerre contre le royaume voisin, le Royaume d'en Bas, depuis des mois déjà et, malgré les efforts conjugués des neuf princes, la guerre était loin d'être terminée. Il se dirigea vers Ti-Jean et lui dit :

– Tu m'as l'air d'un bon guerrier. Tu ne serais pas intéressé à venir te battre dans mon armée?

Ti-Jean pensa que rien ne le pressait à dévoiler son identité, et qu'il valait mieux attendre de voir ce qui se passait au château. Il voulait surtout savoir ce que faisaient les neuf princes, ses demi-frères. Alors il accepta.

– D'accord! dit-il. Je suis prêt à partir à la guerre dès que vous le voudrez.

Le roi demanda à un domestique d'aller mettre son cheval à l'écurie, mais Ti-Jean refusa.

– Personne d'autre que moi n'a le droit de toucher à mon cheval, dit-il.

Le lendemain matin, il partit le dernier pour se rendre au front, suivant les autres pas à pas. Arrivé au champ de bataille, il resta derrière les autres pour mieux les observer. Tout en observant, il pensait aux différentes manœuvres qu'ils pourraient faire pour gagner la guerre. Il se rendit compte que les neuf princes n'étaient pas bien brillants. Chacun était à la tête d'un petit régiment; les ordres qu'ils donnaient étaient contradictoires, de sorte qu'il n'y avait jamais d'unité. De plus, les princes étaient si peureux qu'au lieu de rester à la tête de leur armée, ils allaient se cacher en arrière chaque fois qu'un danger se présentait.

Lorsque Ti-Jean retourna au château ce soir-là, le roi lui demanda des nouvelles de la bataille.

– Et puis, comment ça se passe au front? dit-il.

– Très mal, répondit Ti-Jean. Vos neuf princes sont des bons-à-rien. Ils ne savent pas mener une bataille. Si cela continue ainsi, vous allez perdre la guerre.

Le roi pensait de la même façon. Il savait que ses princes n'étaient pas de bons guerriers. Il sentait aussi qu'il était en train de perdre la guerre.

– Alors qu'est-ce que tu suggères? demanda le roi.

– Que je prenne la tête de votre armée! proposa Ti-Jean.

– Que toi, tu prennes la tête de mon armée? répliqua le roi. Tu n'y penses pas. D'abord, tu me dis que mes fils sont des bons-à-rien. Et ensuite, après une seule journée sur le champ de bataille, tu me demandes de te laisser prendre la tête de l'armée tout entière. Non, non! Tu retourneras au front demain matin comme tout le monde.

– Comme vous voudrez, répondit Ti-Jean. Mais vous le regretterez.

Durant la nuit, le roi se mit à réfléchir à la proposition de Ti-Jean. C'était vrai qu'il était en train de perdre la guerre. C'était vrai que ses fils n'étaient pas de bons guerriers. «Après tout, je ne perds rien en essayant», se dit-il. Le lendemain matin, il alla donc trouver Ti-Jean et lui dit :

– C'est bon. Si tu veux, je te donne le commandement de l'armée.

— D'accord! répondit Ti-Jean. Mais j'ai mes conditions. Il faut que vous me permettiez d'utiliser le matériel de campement. Car les prochains soirs, nous ne reviendrons pas coucher au château. Pour gagner une guerre, il faut se lever plus tôt que l'ennemi. Et il faut être prêt à attaquer, pas seulement à se défendre.

Le roi trouva que l'idée était bonne, alors il monta à son balcon pour annoncer aux troupes réunies dans la cour le changement de chef.

— Écoutez! dit-il. À partir de ce matin, tous les régiments passent sous le commandement de Ti-Jean-le-Galant. C'est lui qui va diriger l'armée, et c'est à lui, et à lui seulement, que vous devrez obéir. De plus, que chacun apporte son matériel de campement, car vous ne reviendrez pas du front avant d'avoir gagné la guerre. J'enverrai des hommes chaque jour pour vous ravitailler.

On entendit des plaintes venant de différents coins de la cour. Les soldats n'étaient pas très contents. Les princes étaient furieux. Ils montèrent voir leur père pour lui faire part de leur mécontentement.

— Ce Ti-Jean-le-Galant, dirent-ils, c'est un paresseux. Il est venu sur le champ de bataille hier et il n'a même pas levé le petit doigt pour nous aider.

– C'est parce que ce n'était pas lui le chef, répliqua le roi. Les idées de Ti-Jean m'ont impressionné. Je suis sûr qu'il est capable de mener une armée à la victoire. J'ai pris ma décision. C'est lui le commandant, et vous allez lui obéir, comme le reste de l'armée.

Lorsque tout le matériel fut prêt, Ti-Jean monta sur Gaillard et fit le tour de chacun des bataillons en leur donnant des ordres.

– Vous allez rester ensemble, leur dit-il, et avancer progressivement par groupe de vingt placés en quinconce, afin d'impressionner l'ennemi. Et lorsque je donnerai le signal d'attaque, je veux que chaque soldat, chaque escadron, chaque bataillon et chaque régiment, bref, que toute l'armée attaque en même temps.

Ti-Jean, monté sur son beau cheval blanc, alla alors se placer à la tête de l'armée, et s'écria :

– Aujourd'hui, c'est la guerre! Mettez tout en branle! On y va!

Lorsque l'armée de Ti-Jean arriva au front, l'armée ennemie était déjà en place et avait avancé de pratiquement une lieue, en raison du retard de l'armée de Jean. Mais lorsque les soldats ennemis virent cette armée bien rangée qui avançait progressivement, comme un seul homme, ils prirent peur et commencèrent à reculer. Toute la journée, et jusqu'à la nuit tombante, Ti-Jean gagna du terrain sans perdre un seul homme.

Le lendemain matin, il fit réveiller ses hommes avant le lever du jour, de sorte que, lorsque l'armée ennemie arriva sur les lieux, celle de Ti-Jean avait déjà parcouru plusieurs lieues. Quand le commandant de l'armée ennemie comprit qu'il allait perdre la guerre si les choses continuaient ainsi, il décida d'attaquer. Là, la bataille s'engagea pour de bon.

– À l'attaque! cria Ti-Jean.

Et son armée se mit à foncer sur l'ennemi, comme une immense vague qui roule vers la côte. On entendait des coups de feu et des épées qui faisaient un bruit métallique épouvantable en se heurtant les unes contre les autres. Les combats durèrent toute la journée, sans que l'armée de Ti-Jean n'arrêtât sa marche vers l'avant.

Le lendemain, lorsque la bataille reprit, l'armée de Ti-Jean était déjà dans le territoire de l'ennemi.

– Avançons à pas doubles! cria Ti-Jean. Il faut repousser l'ennemi jusqu'à son point de départ.

Et l'armée se mit à foncer au pas de course, tel un immense troupeau de buffles qui traverse la plaine. L'armée ennemie se défendait tant bien que mal, mais elle n'avait d'autre choix que de reculer. Vers midi, Ti-Jean vit le commandant ennemi hisser un drapeau blanc. Il fit signe à son armée de s'arrêter et attendit que le commandant vînt vers lui. Le commandant était accompagné du roi, et ils venaient demander la paix. Ti-Jean leur fit signer un traité disant qu'ils n'attaqueraient plus jamais le Royaume d'en Haut.

Avant la tombée de la nuit, Ti-Jean et son armée étaient de retour au château avec le traité de paix en main. Le roi pouvait à peine croire que Ti-Jean avait gagné une telle guerre en trois jours. Il ordonna que l'on préparât une grande fête où les soldats purent boire et manger toute la nuit. Alors que tout le monde chantait et dansait, et que l'on célébrait Ti-Jean, les neuf princes se réunirent à part pour discuter de leur avenir.

– Écoutez! dit l'un d'eux. Nous avons gagné la guerre, mais notre royaume court un plus grand danger encore. Notre père est si content de cet étranger qu'il est prêt à lui léguer son royaume. Et nous, nous n'aurons rien. Nous deviendrons des serviteurs.

– Tu as raison, dirent quelques autres. Il faut se débarrasser de Ti-Jean. C'est la seule solution.

Les neuf princes étaient cependant d'accord pour que cette élimination ne se fît pas brusquement. Il fallait attendre l'occasion de faire disparaître Ti-Jean sans que cela se vît.

Durant toute la nuit, le roi n'avait cessé de féliciter Ti-Jean et de vanter ses mérites. Il l'avait même présenté à ses neuf femmes, les anciennes princesses, qu'il ne laissait guère sortir du château. Entre deux verres de vin, il dit à Ti-Jean, à voix basse :

– Je pense bien que je te dois ma couronne et mon royaume. C'est à toi que je devrais léguer tout cela quand je mourrai.

– Je ne suis pas venu ici pour avoir votre couronne et votre royaume, répliqua Ti-Jean. J'étais en promenade dans ce coin de pays, et lorsque j'ai vu que vous aviez besoin d'aide, j'ai offert volontiers mes services, voilà tout.

– Dans ce cas, reprit le roi, je vais te donner une belle bourse d'argent. Mais à condition qu'avant de partir, tu entraînes mes neuf fils à manier les armes et à défendre ce royaume contre un envahisseur éventuel.

– D'accord, dit Ti-Jean. Nous allons prendre trois jours de repos et après, je mettrai les princes à l'œuvre.

Trois jours plus tard, fidèle à sa parole, Ti-Jean amena les neuf princes dans un champ non loin du château, afin de commencer leur entraînement.

– Pour devenir un bon guerrier, leur dit-il, il faut d'abord être en bonne forme physique. On va commencer doucement par des exercices de marche, de course, et des escalades sur des échelles et dans les arbres.

Ti-Jean ne ménageait pas les neuf fils du roi, ses demi-frères, et s'il n'avait pas ressenti un lien de parenté avec eux, il s'en serait probablement débarrassé. Il faisait exprès pour montrer à ces vauriens que, pour réussir dans la vie, il faut travailler. Au bout d'une semaine, ils étaient complètement épuisés.

– Est-ce qu'on ne pourrait pas avoir un jour de congé? demandèrent-ils. On aimerait aller chasser et faire un pique-nique dans la forêt, comme autrefois.

– C'est accordé, dit Ti-Jean qui se sentait lui-même un peu fatigué.

Le lendemain matin, les neuf princes prirent leurs chevaux, leurs fusils, des vivres, et partirent pour la chasse. Vers midi, ils s'arrêtèrent à la croisée des chemins pour pique-niquer. Ils avaient emporté, dans leur sac à provisions, quelques bouteilles de vin. Ils s'assirent par terre et se mirent à boire et à manger. Le soleil du midi tapait dur. Quand vint le temps de se relever, ils se rendirent compte qu'ils étaient tous à moitié soûls. Ils enfourchèrent néanmoins leurs chevaux, mais, au lieu d'aller dans la direction ouest pour revenir ensuite vers le château, ils prirent la direction nord, et s'enfoncèrent encore plus profondément dans la forêt.

Or, il y avait, dans cette forêt, un bandit qui était connu pour ses méfaits et qui menaçait constamment la population de la région. On l'appelait le Bandit de la clairière. Évidemment, les neuf princes, égarés et à moitié soûls, suivirent le chemin qui les mena droit à la clairière du bandit.

– Qu'est-ce que vous faites dans ma réserve? cria le bandit en les voyant.

Les princes n'eurent pas le temps de répondre que déjà, il les avait capturés et les amenait à son domaine. Il attacha les neuf frères l'un à l'autre et les fit descendre dans la cave. Il prit leurs chevaux et les enferma dans l'écurie.

Le soir venu, le roi était très inquiet de ne pas voir ses fils revenir à la maison. Toute la soirée, il marcha de long en large, demandant de temps en temps à Ti-Jean ce qu'il devait faire. «Ne vous tracassez pas, répondait Ti-Jean, ils vont revenir.» Le lendemain matin, comme ils n'étaient toujours pas revenus, Ti-Jean dit au roi :

– Je vais aller les chercher, moi.

Il sella Gaillard et partit vers la forêt. Après avoir trotté pendant quelques lieues, il remarqua que des pistes de chevaux s'enfonçaient dans le chemin du nord. Il suivit ces pistes qui le conduisirent à une clairière. Il vit alors un vaste domaine où il s'aventura. En pénétrant dans la cour, il entendit une voix de jeune fille lui crier du haut d'une fenêtre :

– Éloignez-vous d'ici. C'est le domaine du Bandit de la clairière. Il vous tuera s'il revient alors que vous êtes là.

– J'ai suivi des pistes de chevaux jusqu'à ce domaine. Y a-t-il neuf jeunes princes qui sont venus ici hier? demanda Ti-Jean.

– Oui, dit la jeune fille, et ils sont tous enchaînés dans la cave.

– Il faut que je les délivre, dit Ti-Jean.

Mais il n'avait pas sitôt fini de parler qu'il vit le bandit arriver. Il sauta sur son cheval et voulut s'enfuir, mais le bandit lui barra la route. Ti-Jean, se voyant coincé, appliqua une technique de guerre bien connue. Il fit semblant de se rendre, et lorsque le bandit s'approcha de lui pour l'attraper, il lui assena un grand coup de pied dans le ventre qui l'envoya planer en l'air. En tombant, il se heurta la tête sur une roche et ne se releva plus jamais. La jeune fille n'avait pas cessé de regarder par la fenêtre, tout en retenant son souffle tellement elle avait peur. Lorsque la lutte fut terminée, elle s'écria :

– Bravo! Maintenant, je pourrai enfin être délivrée.

Ti-Jean prit un grand billot de bois et défonça la porte, qui était fermée à clef. Il alla d'abord délivrer les neuf princes à la cave et leur dit :

– Je viens de tuer le Bandit de la clairière. Vous pouvez donc retourner en paix. Prenez vos chevaux, qui sont dans l'écurie, et partez par la route du sud. Lorsque vous arriverez à la croisée des chemins, attachez vos chevaux et attendez-moi là. J'ai quelque chose à vous dire.

Quand les princes furent partis, Ti-Jean alla délivrer la jeune fille, qui lui sauta au cou. Elle était prisonnière du bandit depuis des mois et elle avait perdu tout espoir d'être délivrée.

– Tu vas venir avec moi, dit-il. Je te ramène au château de mon père.

– Au château de ton père! Alors tu es un prince toi aussi? demanda-t-elle.

– Non. Non. Je ne suis pas vraiment un prince, protesta-t-il. Je t'expliquerai tout cela plus tard.

Ti-Jean fit monter la jeune fille sur le dos de

Gaillard, et les deux prirent le chemin du sud en direction du château. Ti-Jean prenait son temps et s'arrêtait ici et là, dans la forêt, pour cueillir de petits fruits qu'il partageait avec la jeune fille. L'après-midi était déjà bien avancé lorsqu'ils arrivèrent à la croisée des chemins. Les neuf princes étaient là qui attendaient. Ils furent surpris de voir que Ti-Jean amenait une jeune fille avec lui.

– Voici ce que je voulais vous dire, annonça-t-il. Je vous ai délivré du bandit et, par conséquent, de la mort. Maintenant vous allez m'obéir. Nous allons tous passer la nuit ici et nous rentrerons demain matin au château.

Les princes protestèrent avec véhémence, mais il n'y avait rien à faire, Ti-Jean ne voulut pas revenir sur sa décision. À ses yeux, c'étaient des bons-à-rien, et il voulait les embêter autant qu'il le pouvait. Il laissa les princes à leur sort et entraîna la jeune fille vers deux monticules de terre, non loin de là. Il lui dit :

– Nous, nous allons coucher ici, chacun sur un monticule. Ainsi, nous serons à l'abri des bêtes sauvages.

Pendant ce temps, les princes mijotaient leur vengeance.

– Il n'arrêtera jamais de nous embêter, celui-là, dirent les uns.

— Maintenant que Ti-Jean a tué le Bandit de la clairière et nous a délivrés, dirent les autres, notre père va sûrement vouloir lui donner ce royaume qui nous revient.

— Oui, il va falloir s'en débarrasser, reprirent les premiers.

— C'est le moment ou jamais, dirent d'autres. Il faut agir.

Au lever du jour, ils avaient pris leur décision. Ils savaient que Ti-Jean était fort et rusé, alors ils n'osaient pas l'approcher. Ils décidèrent donc de prendre leurs fusils et de tirer sur leur rival, qui était encore couché sur son monticule, sans s'approcher davantage. Les coups partirent tous en même temps, mais avec peu de précision, tellement ils tremblaient de peur. Ti-Jean roula en bas de son monticule de terre, blessé à une jambe seulement. Mais il fit semblant d'être mort; et les princes crurent que, effectivement, il était mort. Ils s'emparèrent alors de la fille en lui disant :

— Toi, tu diras exactement ce que nous dirons. Autrement, on te tue. Ti-Jean s'est battu pour nous délivrer du Bandit de la clairière, mais il a été tué par le bandit. Voilà toute l'histoire.

Ils mirent la jeune fille sur le dos de Gaillard et partirent vers le château. Le roi fut terriblement peiné lorsqu'il apprit la nouvelle. Il n'arrivait pas à croire qu'un soldat aussi vaillant que Ti-Jean-le-Galant eût pu être tué par un bandit. Il accueillit néanmoins avec plaisir la jeune fille et ses fils au château.

Pendant ce temps, la mère de Ti-Jean s'inquiétait de ne pas le voir revenir à la maison. Alors, elle décida d'aller voir ce qui se passait. Elle se rendit au château du roi Louis, d'où elle avait été chassée il y avait bien des années, et elle demanda l'hospitalité pour la nuit. Le roi, sans la reconnaître, lui offrit un gîte pour la nuit.

Durant l'après-midi, elle vit une jeune fille assise sur un rocher, en train de pleurer. Elle s'approcha de la jeune fille et voulut savoir pourquoi elle pleurait, mais la jeune fille ne voulait pas parler. Cependant, lorsque la paysanne lui dit qu'elle était une étrangère et qu'elle ne resterait au château qu'une journée, la jeune fille lui raconta son histoire, en lui demandant de garder le secret. La paysanne devint alors très inquiète et triste, car elle se doutait bien que ce jeune homme héroïque dont parlait la jeune fille devait être son Ti-Jean.

Sur ces entrefaites, on vit un jeune homme s'approcher du château en boitant. Les neuf princes ne mirent pas longtemps à reconnaître l'homme qu'ils pensaient avoir tué. Ils prirent peur et se dirent : «C'est lui qui va nous tuer maintenant!» La paysanne ne dit rien. Elle préférait attendre pour voir ce qui allait se passer. Le roi alla à la rencontre de Ti-Jean en lui disant :

– Je croyais que le Bandit de la clairière t'avait tué. Je suis bien heureux de te revoir vivant.

– Moi aussi, je suis heureux d'être vivant, répliqua Ti-Jean. Mais le Bandit de la clairière est mort. Vous n'aurez donc plus besoin d'avoir peur de lui.

– Ah! Quel bonheur! Et quelle bonne nouvelle! dit le roi. Tu as délivré mes fils et tu as tué le Bandit de la clairière. Quel exploit! Je te dois ma couronne et mon royaume.

– Non, reprit Ti-Jean. Je vous l'ai déjà dit : je ne veux ni couronne ni royaume. Je ne suis qu'un étranger de passage. Cependant, vous pourriez grandement me faire plaisir, ajouta-t-il, en me donnant tout pouvoir sur votre royaume pendant trois jours. J'aimerais vivre cette expérience.

– C'est accordé! répondit le roi. Et avec plaisir.

Ti-Jean fit alors venir un médecin pour soigner sa jambe, puis il se mit à donner des ordres.

– Je veux que vous organisiez une grande

journée de réjouissances dans trois jours, dit-il aux domestiques, afin de fêter mon départ.

Il s'apprêtait à envoyer quelqu'un au Pays du Mitan pour y inviter sa mère lorsqu'il la vit venir vers lui. Heureusement, il n'y avait personne autour. Il l'amena dans une pièce du château, et ils s'embrassèrent affectueusement. Ti-Jean lui raconta alors son plan.

Le soir de la fête, au moment du repas, Ti-Jean fit placer le roi à l'autre bout de la grande table, en face de lui. D'un côté de la table, il y avait les neuf princes, et de l'autre côté, leurs mères, les neuf femmes du roi. Ti-Jean prit alors la parole et annonça :

– J'ai décidé d'inviter à notre table cette étrangère.

Et il fit placer sa mère à côté de lui. Vers la fin du repas, il dit au roi.

– J'aimerais maintenant que vous nous racontiez l'histoire de votre vie : comment vous êtes devenu roi, et comment vous avez fait pour avoir neuf princes.

Le roi se sentit un peu gêné. Mais il avait donné son pouvoir à Ti-Jean, alors il décida de jouer le jeu et de raconter son histoire.

– Eh bien! dit-il, j'étais un prince, le seul fils d'un roi qui voulait agrandir son royaume. Alors, il m'ordonna d'épouser neuf princesses, afin que nous ayons suffisamment d'hommes pour commander et défendre notre royaume. Et voilà, elles m'ont donné neuf fils. Puis mon père est mort. Alors je suis devenu roi, et ils sont devenus des princes.

– C'est tout? demanda Ti-Jean.

– C'est tout! répondit le roi.

– Alors vous vous êtes marié neuf fois, poursuivit Ti-Jean, pour mettre au monde neuf bons-à-rien!

Les princes n'étaient pas contents. Ils maugréaient. Mais leurs protestations ne dérangeaient pas Ti-Jean. C'est lui qui avait tous les pouvoirs et il voulait les humilier autant qu'il le pouvait. Le roi ne disait rien. Au fond de lui, il savait que Ti-Jean avait raison.

– Eh bien! dans ce cas, reprit Ti-Jean, je vais vous raconter mon histoire, moi aussi. Pas celle des dernières semaines, car vous la connaissez, mais celle de ma naissance. Mon grand-père était un roi, dit-il. Il avait ordonné à son fils d'épouser dix princesses, tel que la loi le permettait, afin d'agrandir et de défendre son royaume. Mais son fils n'avait pu trouver que neuf princesses. Alors, pour ne pas déplaire à son père, il amena à la maison une belle paysanne, qu'il fit passer pour une princesse et qu'il épousa. Cependant, comme elle était lente à lui donner un enfant, il la répudia. Mais elle me portait déjà dans son sein lorsqu'elle fut renvoyée du château. Cette femme qui est à côté de moi, c'est ma mère.

Le roi était dans tous ses états. Déjà, pendant que Ti-Jean parlait, il se tortillait sur son siège, pensant à sa propre histoire. Maintenant, il voyait une de ses femmes devant lui, qu'il n'avait même pas reconnue, et il constatait que Ti-Jean, ce brave Ti-Jean qu'il admirait tant, était en fait son fils. «Quelle erreur monumentale ai-je faite, se disait-il. Il faut que je me fasse pardonner.»

— Ah! dit le roi, je suis très touché par cette histoire. J'ai mal agi et je le reconnais. Il faut que vous restiez avec nous. Encore une fois, Ti-Jean, je vous offre ma couronne et mon royaume, et je reprends votre mère comme légitime épouse et reine de ce château.

— Non! répliqua Ti-Jean. Je vous l'ai déjà dit, je ne veux pas de votre royaume. Donnez-le à vos neuf bons-à-rien. Et je peux vous assurer que je les ai seulement épargnés parce qu'ils étaient mes demi-frères. Autrement, ils seraient morts à la guerre, ou bien ils seraient restés chez le bandit.

Ti-Jean et sa mère dirent alors au revoir au

roi et à ses femmes, et à ses bons-à-rien, et prirent le chemin du retour au Pays du Mitan, accompagnés de Gaillard. Ils amenèrent avec eux la jeune fille que Ti-Jean avait délivrée du Bandit de la clairière.

LA CÔTE MAGIQUE

À cent lieues du Pays des Géants vivait un fermier avec sa femme et leur fils unique. À la naissance de leur fils, ils l'avaient appelé Jean, mais tout le monde des alentours l'appelait Ti-Jean. Il était vaillant, gentil et serviable. Il aidait beaucoup son père à cultiver les champs et, surtout, à s'occuper des animaux. Puis, quand il avait le temps, il allait aider les voisins. Son père était si content de lui que, de temps en temps, il lui faisait un cadeau pour le remercier.

Un beau jour, sa mère tomba malade. Elle toussait sans arrêt et devint tellement faible qu'elle dut rester couchée. On fit venir le médecin, mais celui-ci dit qu'il ne connaissait pas de remèdes pour la guérir. Au bout de quelques semaines, elle mourut. Ti-Jean en était bien triste car, avec son père, c'était la personne qu'il aimait le plus au monde.

Le père et le fils se retrouvèrent donc seuls dans leur grande maison. De temps en temps, les voisins venaient les voir et leur apportaient du pain, du beurre et des galettes, car les deux hommes n'avaient pas appris à faire la cuisine et éprouvaient beaucoup de difficultés à se faire à manger. Heureusement pour Ti-Jean, la grange était pleine d'animaux; cela ne lui laissait pas le temps de s'ennuyer. Il avait toujours aimé les animaux, et il les soignait bien.

Un jour, son père vint le trouver à la grange et lui dit :

– On ne peut pas rester longtemps ainsi. On va mourir de faim, ou bien d'ennui. Qu'est-ce que tu dirais si je me remariais?

Malgré sa peine, Ti-Jean se trouvait bien, seul avec son père. Mais il pensa que pour son père, ce serait sans doute mieux s'il y avait quelqu'un pour s'occuper de la maison et pour parler avec lui. Il donna donc son accord.

Au bout de quelques mois, le père appela son fils dans le grand salon, un soir, et lui dit :

– J'ai rencontré une femme qui me plaît et qui pourrait, je crois, nous être utile : une veuve qui veut aussi se remarier et qui a deux filles, assez grandes pour aider à soigner les animaux et assister leur mère à la maison.

Ti-Jean était content pour son père. «Ça lui rendra la vie sans doute plus gaie», pensa-t-il. On organisa les noces, puis la femme et ses deux filles s'installèrent à la maison. Ti-Jean était déjà un grand et beau garçon, et les deux filles se sentirent tout de suite attirées vers lui. Mais lorsqu'elles s'aperçurent qu'il ne les regardait même pas, et qu'en plus, il continuait à recevoir tous les égards de son père, elles commencèrent à le détester. Elles le trouvaient laid et haïssable. Il recevait toujours tous les cadeaux et elles n'avaient jamais rien. Leur mère leur donnait raison. Elle trouvait, elle aussi, que ses filles étaient injustement traitées.

Ti-Jean devait travailler dur pour se mériter les égards de son père. En plus du travail à la grange, il fallait, l'été, cultiver les champs et, l'hiver, aller dans la forêt couper du bois. Un beau jour, il entra à l'écurie et aperçut son père debout, les mains sur les hanches, en train de regarder droit du côté des vaches. Il ne bougeait pas. On aurait même dit qu'il n'entendait pas son fils entrer. Ti-Jean s'approcha et le regarda en disant :

– Qu'est-ce que tu vois là?

Son père sursauta. Il n'avait pas remarqué que quelqu'un était entré dans la grange.

– Regarde là, dit-il, le beau veau blanc que la vache a eu.

Ti-Jean resta étonné. La vache noire venait d'avoir un veau tout blanc, et aussi gros que s'il avait eu trois mois. Son père lui demanda :

— Tu le trouves beau?

— Ah oui! répondit Ti-Jean. Il est vraiment très beau.

— Alors je te le donne, continua le père. Ce sera ton cadeau d'anniversaire.

Le temps passait et le veau grandissait. Ti-Jean le soignait si bien qu'il était devenu encore plus gros, gras et fort. Il le caressait, l'étrillait même, ce qu'il ne faisait pas avec les autres bêtes à cornes. Comme il ne se plaisait pas à la maison, il passait presque tout son temps à la grange. Les deux filles étaient devenues tellement jalouses de Ti-Jean qu'elles se demandaient ce qu'elles pourraient bien faire pour s'en débarrasser.

Un jour que Ti-Jean était en train d'étriller son veau, il entendit une voix l'appeler. Il regarda autour de lui, mais il n'y avait personne. De nouveau il entendit la voix. Cette fois, il eut l'impression que c'était le veau qui parlait. Il s'approcha de la tête de celui-ci et le regarda dans les yeux.

— Est-ce bien toi qui parles? demanda-t-il.

— Oui! répondit le veau.

— Comment se fait-il alors que tu parles seulement maintenant?

– Je suis bien obligé, dit le veau. Je suis obligé parce que les filles veulent te tuer.

– Ah! fit Ti-Jean. Et comment sais-tu ça?

– Mais tu n'as pas besoin d'avoir peur, reprit le veau. Je te protégerai.

Ti-Jean était tout ému. Son veau lui parlait! Et il voulait le protéger en plus! Il avait toujours cru que c'était son meilleur ami. Le veau continua :

– Si jamais tu as faim, tu n'auras qu'à tordre ma corne gauche et je te donnerai tout ce que tu voudras à manger, et si tu as soif, tu n'auras qu'à tordre ma corne droite et je te donnerai à boire.

Ti-Jean était bien content. «Si ça pouvait marcher, pensa-t-il, je n'aurais plus besoin de manger tous les mets pâteux et dégoûtants que me préparent cette femme étrangère et ses deux filles.» Le veau ajouta encore :

– C'est un secret. Il ne faudra en parler à personne.

Ti-Jean eut vite l'occasion d'essayer sa nouvelle méthode de manger et de boire, et chaque fois, cela marchait selon ses souhaits. L'hiver était venu, et c'était maintenant le temps d'aller couper le bois. Afin de ne pas trop s'éloigner de son petit veau, il se fabriqua un traîneau auquel il pouvait l'atteler pour aller au bois. Comme le veau était très fort, Ti-Jean l'utilisait pour ramener chaque soir une charge de bois à la maison.

Pendant tout ce temps, les filles n'avaient pas abandonné leur projet de se débarrasser de Ti-Jean. Elles se demandaient comment il se faisait qu'il ne rentrait pas manger les midis, et pourquoi, même le soir, il ne mangeait presque pas.

Un soir, en rentrant du bois, il alla s'asseoir à table comme d'habitude. Mais lorsqu'il vit l'affreux ragoût que sa nouvelle mère avait préparé, le cœur lui manqua. Il se leva de table et monta se coucher sans manger. La mère et ses filles n'étaient pas contentes. Plus tard dans la soirée, pendant que le père était parti veiller chez les voisins, la mère appela ses filles dans la cuisine et leur dit d'une voix grave :

– Moi aussi, j'en ai assez de ce petit effronté qui lève le nez sur mon repas. Nous l'empoisonnerons et nous en serons débarrassées pour toujours.

Les filles jubilaient. Cette fois, leur mère était de leur côté, et de plus, elle était prête à tout faire pour les aider à se venger.

Le lendemain matin, lorsque Ti-Jean se préparait à sortir, sa belle-mère lui demanda :

– Jean, est-ce que tu vas encore au bois aujourd'hui?

– Oui! répondit Ti-Jean. Et je vais y retourner jusqu'à ce qu'on ait suffisamment de bois de chauffage pour l'hiver prochain.

– Tu ne manges pas assez, Jean, pour ce gros travail, reprit la femme. Tu ne viens même pas manger les midis. Si tu continues ainsi, tu n'arriveras jamais à couper tout ce bois. Alors, à partir d'aujourd'hui, les filles iront te porter ton dîner le midi.

– D'accord! répondit machinalement Ti-Jean.

Quand Ti-Jean entra dans la grange pour atteler son petit veau, celui-ci le regarda d'un œil triste qui voulait dire : «Prends garde, mon ami, elles veulent t'empoisonner.» Ti-Jean comprit, mais ne fit mine de rien. Il mit, comme d'habitude, la hache dans le traîneau, attela son veau blanc et partit pour le bois.

La matinée passa vite, tant il était occupé à abattre une belle touffe de bois franc qu'il avait découverte, de beaux grands bouleaux. Vers midi, il vit arriver les deux filles par le chemin battu dans la neige.

– On t'apporte ton dîner, dirent-elles. De bonnes fèves au lard que notre mère a préparées.

Ti-Jean n'avait pas envie de leur parler. Il aimait beaucoup les fèves au lard, c'était son mets préféré; mais celles-là, il n'avait vraiment pas envie de les manger. Il dit tout simplement :

— Laissez l'assiette par terre, je mangerai quand j'aurai fini de couper mon arbre.

Mais les filles ne voulaient pas s'en aller.

— On doit rapporter l'assiette à la maison, affirma la plus vieille.

— D'accord! répondit alors Ti-Jean. Attendez-moi ici. Je vais aller à l'abri des grands arbres, là-bas, près de mon petit veau, pour manger mon dîner.

Arrivé là, il s'assura que les filles ne pouvaient pas le voir, il fit un trou dans la neige avec son pied et jeta son assiettée de fèves dans le trou. Il se dépêcha de tourner la corne gauche de son petit veau blanc et un poulet rôti tomba à ses pieds. Il tourna la droite, puis, comme d'habitude, un grand verre de vin apparut à côté de sa main. Il mangea tout rapidement puis retourna vers les filles, les lèvres encore toutes graisseuses.

— Tenez, voilà votre assiette! dit-il. Merci, et ne revenez plus!

Les filles étaient insultées par cette dernière remarque. Elles retournèrent à la maison et racontèrent à leur mère qu'il avait mangé toutes ses fèves au lard.

– C'est parfait, s'exclama la mère. Il ne viendra plus nous insulter.

Quand le soir arriva, elles furent tout étonnées de voir le petit veau blanc sortir du bois. Ti-Jean était assis sur sa charge de bois et paraissait en pleine forme. Les trois femmes fulminaient.

– Demain, nous doublerons la dose de poison, dit la mère.

Le lendemain midi, les filles arrivèrent au bois en riant. Elles étaient certaines que cette fois, tout allait marcher selon leurs plans. Ti-Jean répéta la même scène, disant aux filles de l'attendre, puis il leur rapporta l'assiette vide.

Ce soir-là, les trois femmes attendaient le coucher du soleil avec beaucoup d'anxiété. Allait-il revenir cette fois? Cela leur semblait tout à fait improbable. Mais miracle! À la brunante, Ti-Jean sortit de la forêt comme d'habitude, assis sur sa charge de bois. La mère trépignait de rage.

– L'avez-vous bien vu manger? demanda-t-elle.

– Non, pas vraiment, répondit la plus jeune. Il est allé se cacher derrière un arbre pour manger. Mais il avait les lèvres encore graisseuses et une bouchée entre les dents lorsqu'il nous a rapporté l'assiette vide.

— Demain, je veux que vous le suiviez, parce qu'il ne doit pas manger ses fèves; autrement, il ne reviendrait pas.

Ce soir-là, Ti-Jean rentra à la maison en sifflant et se mit à manger son souper comme si de rien n'était.

— Merci pour les fèves au lard. Elles étaient bonnes, dit-il d'un air moqueur.

— Comme ça, tu as aimé mes fèves au lard? reprit la mère.

— Oui, beaucoup! assura Ti-Jean.

— C'est bon! dit la mère, je t'en enverrai porter d'autres demain.

Ti-Jean protesta en disant qu'elle se donnait beaucoup trop de peine, qu'il pouvait bien se passer de manger le midi. Mais la mère insista, prétendant que cela l'aiderait à couper plus de bois.

Comme de fait, le lendemain midi, il vit de nouveau les deux filles arriver avec une assiettée de fèves au lard.

— Attendez-moi ici, répéta-t-il. Je vais aller les manger à l'abri des grands arbres, où j'ai attaché mon petit veau.

Pendant que Ti-Jean s'en allait, l'aînée des filles se faufila dans le bois et s'avança jusqu'à ce qu'elle pût voir à la fois Ti-Jean et son petit veau. Elle l'aperçut en train de tourner une corne, puis manger un gros morceau de gibier, puis tourner l'autre corne et boire un grand verre de vin. Après, il fit un trou dans la neige et versa les fèves dedans, sans y toucher. Elle repartit en vitesse pour raconter à sa sœur ce qu'elle venait de voir.

– Ne disons rien pour le moment, suggéra la plus jeune. Nous attendrons de demander conseil à notre mère.

Arrivées à la maison, les filles racontèrent ce qu'elles avaient vu. La mère était découragée.

– Nous ferions mieux d'abandonner cette méthode, dit-elle. Il va falloir trouver autre chose.

Trois jours plus tard, lorsque les filles descendirent déjeuner, Ti-Jean était déjà parti pour le bois et son père travaillait dans la grange. Leur mère s'approcha d'elles et leur dit, d'une voix sombre :

– Écoutez! J'ai trouvé un moyen. C'est le veau blanc qu'il faut d'abord faire disparaître. Après ça, Jean ne pourra plus nous échapper.

Puis elle raconta à ses filles ce qu'elle avait l'intention de faire.

Le lendemain matin, elle prétendit être tellement malade que si on ne faisait rien, elle allait bientôt mourir. Elle se mit à tousser, à cracher et à râler. Vers midi, elle appela son mari et lui dit :

– J'étouffe de plus en plus. Je crois que je vais rendre le dernier souffle. C'est une maladie que j'avais déjà eue avant notre mariage.

– Mais tu ne vas pas mourir, lui répondit son mari. Tu as déjà été guérie, je ne vois pas pourquoi tu ne serais pas guérie encore cette fois-ci.

– Oui, peut-être, mais ça va être difficile. Le docteur m'avait dit qu'il n'y avait qu'une seule façon de guérir cette maladie-là, et c'était de boire le sang d'un veau blanc. Dès que j'ai pu en boire, j'ai été guérie.

– On a bien un veau blanc, ajouta tristement le père, mais il appartient à Ti-Jean. Je ne peux donc pas le tuer.

– Mais cela me semble quasiment la seule chose à faire, déclara la mère. C'est lui ou c'est moi.

– D'accord! dit-il, songeur. Je vais aller en parler à Ti-Jean.

Et le père partit à la grange retrouver son fils, qui n'était pas allé au bois cette journée-là.

— Écoute, mon fils, dit-il, je pense que je vais encore perdre ma femme si je ne fais rien pour elle. Le docteur lui a dit que la seule façon de guérir sa maladie, c'était de boire le sang d'un veau blanc. Je ne peux quand même pas te reprendre ton petit veau et le tuer sans ton accord.

Ti-Jean ne dit rien. Son père comprit qu'il n'était pas prêt à sacrifier son veau. Il retourna voir sa femme et lui confia que Ti-Jean n'était pas consentant, parce que son petit veau était tout son intérêt, que la garde de ce veau lui avait donné le goût de rester là et de travailler, et que s'il n'avait plus son veau, il pourrait bien s'en aller. Sa femme était découragée. «Qu'est-ce que je pourrais bien faire maintenant», se dit-elle. Puis elle se mit à hurler et à tousser; tellement qu'elle en perdit presque le souffle. Son mari alla voir tous les voisins, mais il ne trouva pas de veau blanc. C'était une chose rare, en effet.

Le lendemain, il retourna voir son fils à la grange et lui dit :

— Ma femme ne va pas mieux; si je ne trouve pas de sang de veau blanc, elle va mourir. Si tu voulais me donner le tien, on pourrait peut-être t'en trouver un autre, exactement semblable.

Ti-Jean hésita. Il ne voulait pas faire de peine à son père. Mais il pensa à tout ce que ce veau représentait pour lui. C'était à la fois son père nourricier et son protecteur. Que ferait-il sans lui?

— Non! répondit-il d'un air triste. Je ne peux pas.

Son père repartit, la tête basse. Il était maintenant persuadé qu'il ne trouverait pas de veau blanc. Il ne semblait lui rester qu'une seule solution : se résigner à perdre sa femme. Lorsqu'il lui fit part de la nouvelle réponse de Jean, celle-ci entra dans une telle colère qu'il commença à être inquiet. Il pensa : «Comment se fait-il que sa maladie empire chaque fois que Ti-Jean dit non?»

Le lendemain matin, il se rendit de nouveau auprès de son fils.

— Pour la dernière fois, lui dit-il, je viens te supplier de sacrifier ton veau. Je t'en donnerai deux autres en échange si tu acceptes.

Jean hésitait toujours. Il n'aimait pas cette femme, car elle avait voulu le tuer. Mais peut-être, après tout, était-elle réellement malade et avait-elle vraiment besoin du sang d'un veau blanc.

— Il paraît que la nuit porte conseil, répondit-il enfin à son père. Je vais y penser et je vous donnerai ma réponse demain.

Ce soir-là, Ti-Jean n'alla pas se coucher. Il se rendit à la grange et alla s'asseoir près de son petit veau pour réfléchir. Et pour la seconde fois, le petit veau se mit à parler :

– Mon pauvre ami, dit-il, nous sommes bien mal pris. Moi, je ne veux pas mourir pour rien; et toi, tu ne veux pas passer pour un méchant garçon qui n'aime pas sa mère, même si elle ne cherche qu'à nous faire du mal. Le malheur, c'est qu'il n'y a que nous deux qui sommes au courant. Il me semble donc n'y avoir qu'une seule solution pour nous, c'est de nous enfuir. Ce sera peut-être difficile pour toi de tout quitter; mais tu sais qu'aussi longtemps que je vivrai, je pourrai toujours te donner à manger et à boire. Et si tu fais ce que je te dirai de faire, tu pourras toujours te débrouiller.

Ti-Jean comprit vite que c'était le seul choix qui lui restait. Il regagna donc doucement sa chambre, se prépara un petit sac de vêtements, écrivit un mot à son père pour lui expliquer pourquoi il partait, puis alla rejoindre son petit veau. Il lui monta sur le dos, et les deux amis prirent la direction du soleil levant.

Ils marchèrent pendant des jours et des jours, sans trop savoir où ils allaient. Durant la journée, ils s'arrêtaient près des ruisseaux pour boire et manger; et la nuit, ils se couchaient sous de grands arbres pour dormir.

Au bout de trois semaines, ils arrivèrent devant une grande forêt, une forêt qui leur barrait complètement la route. Une forêt tellement épaisse qu'elle avait l'air d'être noire. Là, le petit veau s'arrêta, regarda de tous les côtés, se mit à marcher à droite et à gauche, revint vers Ti-Jean, puis, pour la troisième fois, il se mit à parler.

– Eh bien! mon ami, dit-il, nous voilà devant notre première grande épreuve! Pour traverser cette forêt, il va falloir que je me batte avec trois gros bœufs : un rouge, un jaune et un noir. Comme tu as pu le constater, je suis assez fort pour me défendre. Mais eux aussi ils sont forts. Alors on ne sait jamais. Il va falloir que tu restes ici et que tu attendes le matin pour venir me trouver. À la pointe du jour, tu marcheras droit vers le soleil levant jusqu'à ce que tu rencontres une clairière. Tu me trouveras là, mort ou vivant. Si je réussis les épreuves, nous pourrons continuer ensemble notre route. Sinon, il va falloir que tu te débrouilles tout seul. Alors, je te livre tout de suite mon secret, au cas où je mourrais cette nuit. Tout mon pouvoir est dans ma petite côte du côté gauche. Si je suis battu, enlève-moi ma côte et emporte-la avec toi. Quand tu seras en difficulté, tu diras : «Côte, viens à mon aide», et elle t'aidera.

Le veau s'arrêta de parler, regarda Ti-Jean un bon moment, puis s'enfonça dans la forêt noire.

Quand il commença à faire nuit, Ti-Jean se coucha à la lisière du bois, mais il ne pouvait pas dormir. «Pourvu que mon petit veau gagne!» se disait-il. Au beau milieu de la nuit, il entendit un vacarme terrible : des bruits de cornes, des beuglements; un vacarme qui dura plus d'une heure. Après, ce fut le silence complet. Qu'était-il arrivé? Il avait envie de s'enfoncer dans cette épaisse forêt pour aller voir, mais il se rappela ce que lui avait dit son petit veau : «Tu viendras me retrouver au lever du soleil».

À la pointe du jour, il s'engouffra dans le bois et suivit, tant bien que mal, le soleil levant. Au bout de deux ou trois heures, il arriva dans une grande clairière; et là, il vit son petit veau, en train de se laver dans le ruisseau. Il avait l'air aussi frais que quand il l'avait quitté la veille. Ti-Jean était content. Il courut vers lui et lui sauta au cou. On aurait dit que le veau riait, tellement il semblait heureux. En regardant autour de lui, Ti-Jean aperçut un gros bœuf rouge couché par terre. Il était mort. En le voyant, il se demanda comment son petit veau avait fait pour battre ce gros bœuf. Mais il pensa à tout ce que son veau blanc avait déjà fait, et il se sentit rassuré. Il battrait sans doute aussi les deux autres.

Les deux amis continuèrent leur marche à travers l'épaisse forêt. Ils s'arrêtèrent bientôt près d'un ruisseau où le petit veau brouta de l'herbe fraîche pendant que Ti-Jean lui tordait les cornes pour prendre son repas. La forêt était merveilleuse. Elle comprenait les plus beaux paysages qu'ils avaient vus depuis leur départ de la maison : des arbres de toutes les couleurs, des oiseaux qui chantaient si bien que leur gazouillement ressemblait à une musique orchestrée et des animaux qui gambadaient de temps en temps devant eux. Ti-Jean était heureux.

Mais malheureusement, le soir devait bientôt arriver, et avec lui, l'angoisse de l'attente. Ti-Jean était à peine couché qu'il vit son petit veau disparaître dans la forêt, sans dire un mot. Il savait bien où il allait. Il devait maintenant se battre contre le bœuf jaune. La nuit ne semblait pas avancer. Elle lui paraissait plus noire que d'habitude. Il commençait à s'inquiéter de ne pas entendre de bruit, lorsque soudain, le vacarme qu'il avait entendu la veille recommença : des beuglements terribles, des tintements de cornes qui se heurtaient, des roulements de sabots qui trépignaient contre le sol. Au bout de deux heures, il entendit un grand beuglement, puis plus rien. Le silence total. «Pourvu que ce ne soit pas mon petit veau», pensa-t-il. L'attente était mortelle. Pas un bruit, donc pas moyen de deviner. Même les oiseaux s'étaient tus.

Dès qu'il aperçut le soleil se lever à l'horizon, il sauta debout, pris son petit sac et partit en direction du soleil levant. Il marcha pendant des heures à travers une forêt dense et inquiétante. Il commençait à se demander s'il n'avait pas pris la mauvaise direction lorsque, tout à coup, il déboucha sur une très grande clairière. «Maintenant, je vais savoir», pensa-t-il. Mais il ne voyait point son petit veau. Il avança vers le centre de la clairière et là, il aperçut un gros bœuf jaune couché par terre. Il s'approcha de lui et constata qu'il était mort. «Victoire! cria-t-il, mon petit veau doit être vivant.» Mais il ne le voyait toujours pas. Au bout d'un moment, il l'aperçut enfin au bord du ruisseau qui traversait la clairière. Il semblait fatigué. Il le regarda d'un air qui voulait dire : «Ça a été dur.»

Encore une fois, Ti-Jean prit son repas pendant que le veau buvait de l'eau du ruisseau pour se désaltérer, puis ils continuèrent leur marche silencieuse pour traverser la forêt. Plus ils avançaient, plus la forêt était belle. Mais Ti-Jean avait cependant de la difficulté à l'apprécier. Il pensait à la troisième épreuve qui arrivait, et il ne pouvait pas être tranquille tant qu'il en resterait encore une.

La journée passa tant bien que mal et le soir, à la brunante, il vit de nouveau son petit veau blanc s'éloigner tout seul. Cette fois, Ti-Jean était terriblement inquiet. Mais il pensa à la force extraordinaire qu'avait son petit veau, et il reprit courage. Il attendit avec impatience que le matin arrivât. Au beau milieu de la nuit, il entendit de nouveau les beuglements et le bruit de cornes. «Voilà la bataille qui commence», pensa-t-il. Il se leva et serra l'arbre qu'il y avait devant lui de ses deux mains, comme pour aider son petit veau à mieux se défendre. Mais la bataille n'en finissait plus. Au bout de trois heures, le bruit s'arrêta net. Pas un râle, pas un cri, pas un souffle. «Il y en a donc un de mort, pensa-t-il. Pourvu que ce ne soit pas mon petit veau.» Il n'en pouvait plus d'attendre. Heureusement, il vit bientôt le soleil poindre à l'horizon. Il sauta debout et prit la direction du soleil levant.

Il marcha pendant des heures et des heures sans trouver de clairière. Il commençait à avoir faim. Vers le milieu de l'après-midi, il aperçut une petite clairière. Elle était entourée d'une forêt grise et peu épaisse. Il avança et vit bientôt un gros bœuf noir couché par terre. Il était immense. «Comment mon petit veau a-t-il bien pu tuer une si grosse bête?» pensa-t-il. Il était toujours inquiet. En s'approchant du gros bœuf noir, il aperçut son petit veau couché par terre de l'autre côté. Il était mort lui aussi.

Ti-Jean était découragé. Il alla s'asseoir par terre près de son veau et se mit à pleurer. Qu'allait-il faire sans lui? Il avait tout quitté pour partir à l'aventure avec lui. C'était son seul soutien. Il n'arrivait plus à se consoler.

Il commença bientôt à faire noir et Ti-Jean était encore là. Il ne sentait plus sa faim tellement il était triste. «Je verrai demain, se dit-il. Peut-être que la nuit me portera conseil.» Et il s'endormit à côté de son petit veau.

Le lendemain matin, il faisait un si beau soleil qu'il ne reconnaissait plus la clairière. Il mangea quelques plantes sauvages et but de l'eau du ruisseau. «Maintenant, il faut que je m'organise tout seul, pensa-t-il. Mon petit veau m'a confié son secret; il faut que je lui obéisse.» Il prit son canif et découpa la peau du petit veau, juste assez pour sortir sa petite côte gauche, puis il referma la peau. Il nettoya bien la côte, la lava dans le ruisseau, puis il la mit à l'intérieur de son veston. Il embrassa son veau une dernière fois puis prit le petit chemin qui conduisait vers le soleil levant.

Au bout de quelques heures de marche, il sortit enfin de la forêt. De grandes plaines verdoyantes s'étendaient devant lui. Il n'avait jamais vu un si beau paysage. Comme le soir approchait, il décida de s'arrêter là pour y passer la nuit.

Quand il se réveilla, il constata que rien n'avait changé. Il faisait tellement beau qu'il avait envie de rester là. «Si je pouvais trouver du travail dans cette région, pensa-t-il, j'y passerais le reste de ma vie.» Il mangea quelques plantes, ainsi que des fruits qu'il trouva dans un arbre, puis il partit vers le sommet de la colline qui se trouvait devant lui, du côté est. Arrivé au sommet de la colline, il aperçut un grand château juste de l'autre côté. Un château avec des portes et des fenêtres en or, et entouré d'une immense clôture. Il se dit : «Il faut absolument que je trouve du travail dans ce château.»

Il alla frapper à la grande porte d'entrée où il fut reçu par un domestique. Celui-ci l'amena dans la chambre du roi. Ti-Jean lui raconta qu'il était de passage dans la région et qu'il avait trouvé le paysage tellement beau qu'il voulait y rester, s'il pouvait trouver du travail. Il dit au roi que ce qu'il aimait surtout faire, c'était de s'occuper des bêtes à cornes ou de travailler dans les bois.

– Vous tombez bien, dit le roi, on a justement besoin d'un vacher. Mon troupeau de vaches ne produit pas assez. Il nous faut augmenter la production de lait. Est-ce que je peux compter sur toi?

– Tout à fait, répliqua Ti-Jean. J'accepte votre offre.

– C'est bon, continua le roi. À partir de demain matin, tu seras en charge de mon troupeau. Les ouvriers te feront visiter le domaine et te montreront le champ de pâturage. Après la traite du matin, tu devras conduire les vaches au champ, puis les ramener pour la traite du soir.

– Ne vous inquiétez pas, répliqua Ti-Jean, je vais bien m'occuper de vos vaches.

Un domestique lui montra la chambre où il coucherait, dans un bâtiment à côté du château, et il l'amena à la salle à manger des domestiques. Le lendemain matin, des ouvriers lui montrèrent le domaine du roi; et après que les vaches eurent été traites, il partit pour le champ de pâturage avec son troupeau.

Ti-Jean constata que les pauvres vaches n'avaient pas grand-chose à manger dans ce parc-là. L'herbe était sèche et peu nutritive. «Ce n'est pas étonnant, se dit-il, que les vaches donnent si peu de lait. Il faut que je trouve un champ plus nourrissant.» Mais c'était le seul champ de pâturage sur le domaine du roi. Le reste des terres étaient cultivées.

Toutefois, Ti-Jean aperçut, de l'autre bord du grand mur de bois qui longeait le côté ouest du domaine, un champ de foin d'une verdure incroyable. Ce champ avait l'air inutilisé. Il pensa que si ses vaches pouvaient brouter un peu de cette herbe, elles donneraient bien plus de lait.

Il chercha alors une ouverture par où il pourrait les faire entrer, mais il n'en trouva pas. C'est à ce moment-là qu'il pensa à sa côte. Il la sortit de sa chemise et l'appuya contre le mur de bois en disant : «Côte, viens à mon aide. Mur, ouvre-toi!» Et en quelques secondes, les planches tombèrent par terre, faisant dans le mur une brèche suffisamment grande pour y faire passer les vaches. Ti-Jean y amena le troupeau, qu'il laissa paître pendant une heure avant de le ramener dans son champ.

Le lendemain, il répéta la même manœuvre, et le surlendemain aussi. Mais le troisième jour, alors que les bêtes broutaient dans le champ de foin vert, Ti-Jean vit un grand homme venir vers lui. Il était si grand qu'il avait l'air d'un géant.

– Qu'est-ce que tu fais dans mon champ de foin, petit effronté? cria-t-il. Qui t'a donné la permission de venir ici?

– Personne, répondit Ti-Jean. Mes vaches avaient faim, et il y avait ici un beau champ de foin qui était inutilisé, alors...

– Utilisé ou pas, gueula le géant sans laisser le temps à Ti-Jean de terminer sa phrase, ce champ est à moi. Tu vas me payer ça, espèce de petit voyou! Tu es au Pays des Géants ici, et tu ne t'en sortiras pas vivant.

Le géant se précipita alors sur Ti-Jean pour l'écraser. Quand il vit qu'il allait être broyé comme un grain de blé dans un moulin à farine, il sortit sa petite côte, pensa à son veau blanc et dit : «Côte, viens à mon aide. Tue ce monstre!» Et en un rien de temps, le géant gisait par terre.

Ti-Jean continua donc de mener les vaches au champ de foin, et la production de lait commença à augmenter. Le roi félicita Ti-Jean de son beau travail. Un jour que les vaches étaient en train de paître dans le champ du géant, Ti-Jean décida de s'aventurer un peu plus loin, de l'autre côté du bosquet. Quelle ne fut pas sa surprise d'y découvrir un château! C'était sans doute le château du géant. Il entra et ne vit personne. Cependant, avant de sortir, il découvrit un habit princier couleur d'étoiles, accroché près de la porte. «Voilà un bel habit pour moi, pensa-t-il. Je vais le laisser ici jusqu'au jour où j'en aurai besoin.» Ensuite, il entra dans l'écurie, mais elle était vide. Il allait repartir lorsqu'il vit, dans le champ derrière la grange, un cheval, lui aussi couleur d'étoiles. Il se dit : «Voilà un bon cheval pour moi quand j'en aurai besoin.» Ti-Jean retourna alors à ses vaches et les ramena au château du roi.

Au bout d'un mois, le beau champ de foin était presque épuisé. Ti-Jean se dit : «Il faut que

je trouve un autre champ pour mes vaches.»
En marchant vers le nord, il découvrit une longue clôture en pierre qui ne comportait aucune ouverture. De l'autre côté de cette clôture, il se trouvait un magnifique champ de trèfle, de quoi nourrir ses vaches pendant longtemps. Il prit sa côte, l'appuya contre le mur, pensa à son veau blanc, répéta la formule magique et un tas de pierres tombèrent par terre, laissant une brèche dans le mur. Ti-Jean y amena ses vaches et les laissa paître pendant qu'il explorait la propriété. Au bas de la petite colline menant vers le ruisseau, il découvrit un autre château qui semblait, lui aussi, inhabité. Il y découvrit, près de la porte, un habit princier couleur de lune. En passant à côté de l'écurie, il aperçut un cheval, lui aussi couleur de lune. Il se dit : «Je vais être bien équipé avec ces magnifiques vêtements et ce beau cheval, si jamais j'en ai besoin.»

Lorsque Ti-Jean retourna auprès de ses vaches, il vit un géant dans le champ en train de donner des coups de pied à ses vaches qui, elles, couraient dans tous les sens, ne sachant plus où se cacher. Quand le géant vit arriver Ti-Jean, il se mit à courir après lui. Il l'avait attrapé par le col et le soulevait de terre lorsque Ti-Jean sortit sa côte et commença à se battre. Comme pour la première fois, la bataille ne dura pas longtemps, et le géant se retrouva bientôt sur le dos.

Le roi et ses serviteurs ne comprenaient pas comment Ti-Jean faisait pour avoir des vaches qui donnaient autant de lait. Jamais ils n'en n'avaient vu une pareille quantité. Le roi avait même dû acheter des récipients supplémentaires. Mais Ti-Jean gardait jalousement son secret.

Au bout de deux mois, Ti-Jean vit que le champ de trèfle commençait à s'épuiser. Alors, il se mit à la recherche d'un nouveau champ de pâturage. Au bout de quelques jours, il découvrit une longue clôture en fer forgé, à l'ouest de la propriété du roi. À travers les barreaux de la clôture, il aperçut un vaste champ d'avoine. Pensant qu'il n'appartenait peut-être à personne, il défonça la clôture à l'aide de sa côte et se mit à explorer les environs. En bordure de la forêt, de l'autre côté du champ, il aperçut un château qui semblait désert. Il en fit le tour, mais il n'aperçut personne, sauf un cheval couleur de soleil qui broutait dans le champ. Mais lorsqu'il entra dans le château, il devina vite qu'il était habité, car il entendit ronfler. Il aperçut le géant en même temps que celui-ci se réveillait, et il n'eut pas le temps de s'enfuir; le géant lui barra le passage de sa longue main poilue.

– Qu'est-ce que tu viens faire dans ma maison, petit effronté? dit-il.

– Rien! répondit Ti-Jean. Je passais et,

comme je ne voyais personne, j'ai décidé d'entrer.

Ce géant était encore plus gros que les deux autres. Il avait pris Ti-Jean autour de la taille avec sa main droite et le tenait soulevé contre le mur, la tête presque au plafond. Ti-Jean avait tellement peur qu'il eut du mal à sortir la petite côte de sa chemise. Mais lorsqu'il l'eut sortie, la bataille commença. Et comme il fallait s'y attendre, en un rien de temps, le géant gisait sur le plancher. En sortant, Ti-Jean vit un costume princier couleur de soleil accroché au mur. «Me voilà muni d'une belle garde-robe», se dit-il.

En entrant au château avec ses vaches ce soir-là, Ti-Jean fut surpris de voir des banderoles noires qui pendaient aux fenêtres du château.

– Qu'est-ce qui se passe? demanda-t-il aux ouvriers.

– Le roi est en deuil de sa fille, dit l'un.

– Comment ça? interrogea Ti-Jean. La princesse est morte?

– Pas encore, mais ça ne sera pas long, dit un autre.

– Je ne savais pas qu'elle était malade, reprit Ti-Jean.

– Elle n'est pas malade, continua le premier.

C'est la bête à sept têtes. Tous les sept ans, elle réclame quelqu'un. Cette année, elle veut avoir la fille du roi. Et c'est demain qu'elle veut l'avoir.

Ti-Jean était triste, car il l'aimait bien, cette princesse. Mais aux dires de tous, il était impossible de faire quoi que ce fût. Plusieurs personnes avaient déjà essayé de tuer la bête à sept têtes, mais c'est plutôt elles qui s'étaient fait tuer. Cette fois, le roi offrait une grosse récompense : sa princesse en mariage (car, disait-il, «si elle est mangée par la bête à sept têtes, je ne la verrai plus») et la moitié de son royaume. Ti-Jean se demanda comment il pourrait faire pour aider le roi, car il l'aimait bien, lui aussi.

Le lendemain matin, il alla conduire ses vaches au champ, comme d'habitude. Tout le long du chemin il se disait : «Il faut que j'aille voir de quoi elle a l'air, cette bête à sept têtes. Peut-être que je peux la tuer, moi!» Il laissa ses vaches brouter dans le champ d'avoine, puis il se rendit dans le petit château du premier géant. Là, il retrouva et mit l'habit princier couleur d'étoiles, prit le sabre assorti, sella le cheval qui courait toujours en liberté dans le champ derrière l'écurie, et prit la route pour se rendre à la grande falaise. On lui avait dit que la bête à sept têtes sortait de l'eau près de la grande falaise, venait chercher sa proie (qui devait être placée sur une grosse roche au haut de la falaise) et disparaissait dans la mer avec sa proie. Si les gens ne lui donnaient pas ce qu'elle demandait, on racontait qu'elle marcherait sur la ville pour tout détruire.

Lorsque Ti-Jean arriva au rocher, il vit la princesse qui attendait, seule, l'arrivée de la bête, comme celle-ci l'avait demandé au roi. Il s'approcha d'elle et dit :

– Bonjour, princesse.

– Bonjour, mon prince, répondit-elle, inquiète. Vous êtes sûrement un prince étranger, car je ne vous ai jamais vu. Il est de mon devoir de vous informer que je dois attendre seule la bête à sept têtes, sans quoi il y a danger pour tous les habitants de la ville.

– Ne vous inquiétez pas, princesse, reprit Ti-Jean. Je vais me battre avec la bête pour que vous demeuriez vivante.

– C'est bien gentil de votre part, continua la princesse, mais personne n'a jamais pu battre cette bête à sept têtes.

Ti-Jean n'écouta pas les protestations de la princesse et alla s'asseoir au bord de la falaise pour attendre la bête. Au bout d'une heure, il la vit venir. Elle était immense et portait fièrement ses sept têtes qui formaient un demi-cercle autour de son corps comme une queue de paon. Elle s'arrêta net en voyant deux personnes sur le rocher au lieu d'une.

– J'ai dit que je voulais la princesse seule, vociféra la bête d'un ton rauque qui émanait des sept têtes en même temps.

– Je suis son protecteur, s'écria Ti-Jean. Vous n'y toucherez pas avant de m'avoir tué.

La bête, furieuse, donna un grand coup de patte qui fit tomber Ti-Jean. Il se releva rapidement, alla se placer devant la princesse que la bête essayait d'attraper, sortit son grand sabre couleur d'étoiles auquel il fixa sa petite côte et il se lança à l'assaut. «Côte, aide-moi!» murmurait-il de temps en temps. La bête essayait de l'attraper, mais Ti-Jean sautait si vite d'un côté et de l'autre qu'elle n'y arrivait pas. Tout le temps, il pensait à son petit veau blanc et se remémorait comment il s'était battu si courageusement contre les trois gros bœufs. «Il faut que je lui fasse honneur», pensa-t-il. Alors il donna un grand coup de sabre, et paf! l'une des têtes tomba par terre. La bête devint encore plus farouche. Elle se battait avec acharnement. Mais Ti-Jean prit son courage à deux mains et vlan! une deuxième tête sauta. La bête regarda sa tête rouler par terre avec un air d'étonnement et dit :

– Bon! J'accepte la défaite pour aujourd'hui. On se reverra demain à la même heure.

Et la bête à sept têtes disparut dans la mer. Ti-Jean dit alors à la princesse qu'elle pouvait retourner chez elle, mais qu'elle devait revenir le lendemain, pour satisfaire les vœux de la bête. Puis, il retourna mettre son cheval à l'écurie et rejoignit son troupeau de vaches. Lorsque la princesse fut de retour au château, elle raconta à son père ce qui s'était passé.

– Un jeune prince est venu me délivrer, dit-elle. J'ai essayé de le persuader de s'en aller, mais il est resté quand même près de moi et il a coupé deux des têtes de la bête avec son sabre. La bête est partie en disant qu'elle reviendrait demain, à la même heure, et que je devais être au rendez-vous.

Le lendemain matin, Ti-Jean conduisit ses vaches au champ, comme d'habitude, puis il se rendit, cette fois, au château du deuxième géant. Il enfila l'habit couleur de lune, prit son sabre, sella le cheval derrière la grange et partit en coup de vent vers la grande falaise. À son arrivée, la princesse était déjà là, assise sur son rocher.

– Bonjour, princesse, dit-il.

– Bonjour, répondit-elle, tout étonnée de voir un autre prince venir vers elle.

– Je suis venu vous délivrer de la bête à sept têtes, dit Ti-Jean.

— Me délivrer! reprit-elle. Vous ne savez donc pas que cette bête est très méchante, et qu'elle sera encore plus dangereuse aujourd'hui, car hier, un prince lui a coupé deux têtes.

— Deux têtes! s'écria Ti-Jean qui faisait mine de ne rien savoir. Alors je devrais pouvoir en faire autant.

Ti-Jean s'assit près de la princesse et attendit. Il n'y avait pas bien longtemps qu'il était là lorsqu'il vit venir la bête. Il se leva pour aller à sa rencontre.

— Ah! Encore un prince! lança la bête. Vous pouvez m'en envoyer tant que vous voudrez, cela ne changera rien. J'ai repris toutes mes forces et j'en possède encore même plus qu'hier. Car aujourd'hui, j'ai, en plus, la rage de la vengeance dans le corps.

— Moi aussi, j'ai la rage de la vengeance, reprit Ti-Jean. Je dois venger toutes ces personnes que tu as impitoyablement tuées tous les sept ans depuis des siècles.

La bête ne répondit pas, mais fonça droit sur Ti-Jean. Celui-ci prépara son sabre et sa petite côte, mais pas assez rapidement. La bête lui donna un grand coup de patte qui l'envoya en l'air. Heureusement, il était retombé sans se faire trop de mal. La princesse retenait son souffle. La bataille faisait rage. La bête écumait de ses cinq gueules ouvertes, et Ti-Jean actionnait son sabre si vite qu'il avait l'air d'un moulin à vent. Au bout d'une demi-heure, à la faveur d'un grand coup de sabre, la bête perdit une tête. Elle entra alors dans une telle furie qu'elle lâcha un grand cri qui fit trembler le sol et engendra, chez Ti-Jean, une peur épouvantable. Il avait presque envie d'abandonner, ou au moins de reculer. Mais quand il vit la bête essayer de s'emparer de la princesse, ce fut plus fort que lui. Il fonça sur la bête qui semblait obsédée par l'idée de mettre la patte sur la princesse, et vlan! voilà qu'une quatrième tête tomba. La bête, fumante de colère, ne fit qu'un grand saut vers la mer et s'écria :

— À demain!

Ti-Jean tombait de fatigue, mais il ne s'attarda pas sur les lieux, de peur de se faire reconnaître. Il dit tout simplement à la princesse de retourner chez elle jusqu'au lendemain. Quant à lui, il se coucha sur son cheval couleur de lune qui l'amena directement au château du deuxième géant, puis il regagna le parc à vaches.

Lorsque la princesse raconta son aventure au roi, celui-ci lui dit :

— Cet exploit est tellement extraordinaire qu'il ne peut pas être l'œuvre d'un homme ordinaire. Des armées ont essayé de détruire cette bête sans y parvenir. Comment un homme seul pourrait-il y arriver? C'est inimaginable.

– Il est vrai qu'il avait l'air curieux dans son habit couleur de lune, dit la princesse. Mais il parlait avec douceur, et il était seul.

Le lendemain matin, le même rite recommença. Ti-Jean, malgré sa fatigue, conduisit ses vaches au champ, puis se rendit au château du troisième géant. Là, il enfila l'habit princier couleur de soleil, prit son sabre, monta sur la petite jument de la même couleur et partit vers la grande falaise. Sa petite jument fonçait aussi vite que le vent. Lorsqu'il arriva à la falaise, la princesse était déjà installée sur son rocher.

– Bonjour, princesse, dit-il.

– Bonjour. Mais qui êtes-vous? dit-elle, pensant reconnaître la même voix.

– Je viens vous délivrer, ajouta tout simplement Ti-Jean, sans répondre à sa question.

Il alla s'asseoir près d'elle, s'appuya contre le rocher et s'endormit, tellement il était épuisé. La princesse examina ses cheveux et fut étonnée de voir qu'ils n'étaient pas blonds, mais noirs. Elle en arracha quelques-uns, sans qu'il se réveillât, et les enveloppa dans son mouchoir, à tout hasard. À cet instant, la bête apparut et fit un grand bond hors de l'eau, en vociférant.

– J'ai faim du sang d'une princesse! cria-t-elle. Je meurs de soif. Ah! Encore un prince! ajouta-t-elle en voyant Ti-Jean qui avait sursauté et cherchait son sabre.

– Avance! dit-il. Je t'attends.

Ti-Jean tenait sa petite côte solidement contre son sabre. La bête, toujours furieuse, lui lançait des grands coups de griffes sans qu'elle pût l'atteindre. Elle avait perdu plus de la moitié de ses têtes, mais elle était aussi agile qu'au premier jour. Ti-Jean pensait au courage de son petit veau blanc et il espérait ne pas subir le même sort. «Non, il ne faut pas que je me laisse abattre, se disait-il. Je dois redoubler d'ardeur.» Et malgré sa fatigue, il continua à donner des coups de sabre dans tous les sens sans pouvoir atteindre la bête, tellement elle était rapide. Mais à la longue, il sentit que la bête aussi perdait de son ardeur; elle montrait des signes évidents de fatigue. C'est là que Ti-Jean ramassa tout ce qui lui restait de courage, pensa à son petit veau, et vlan! la cinquième tête tomba. La bête resta immobile d'étonnement. Ti-Jean en profita, et paf! la sixième tête était partie. La bête se mit alors à rugir et fit un bond vers la mer en criant.

– À demain!

– Non, tu ne t'en sortiras pas comme ça! s'écria Ti-Jean, qui n'en pouvait plus.

Il sauta lui aussi en bas du cap et pif! paf! vlan! la dernière tête roula sur la grève. Le reste de la bête s'affaissa dans la mer et Ti-Jean tomba sur le dos, totalement épuisé. Cependant, il reprit vite ses sens et se dit : «Il faut vite que je décampe d'ici avant qu'on ne me reconnaisse.» Mais avant de partir, il pensa qu'il valait mieux apporter avec lui un souvenir de son exploit. Alors, il sortit son canif, coupa le bout de la langue de chacune des têtes et les enveloppa dans son mouchoir. Ensuite, il se retourna vers la princesse et lui dit :

– Vous pouvez retourner au château maintenant. Tout est fini. La bête ne reviendra plus. Et vous êtes délivrée.

– Je vous remercie infiniment, dit tendrement la princesse, encore tout émue par tant de combats pour la sauver. Mais j'aimerais savoir qui vous êtes, ajouta-t-elle, afin de pouvoir vous récompenser. J'aimerais même vous épouser, car je vous dois la vie.

– Nous parlerons de cela plus tard, dit-il. Maintenant, j'ai d'autres tâches à accomplir, et il faut que je me repose.

Quand le roi apprit la nouvelle, il voulut savoir qui étaient ces princes qui avaient mené un tel combat pour délivrer sa fille. Il fit donc publier des annonces, disant que sa seule princesse avait été délivrée par trois princes inconnus, qu'il était prêt à partager la moitié de son royaume avec ceux-ci, et même qu'il était prêt à accorder la main de sa fille à celui des trois qu'elle choisirait. Puis, il invita tous les princes et les princesses des alentours à un grand banquet qui devait avoir lieu dans quinze jours, afin que les prétendants pussent se faire valoir.

Quand le jour de la fête arriva, beaucoup de personnes se présentèrent au château. Il y avait même un prince qui s'était informé pour savoir où la bête avait été tuée, et il était allé sur les lieux pour récupérer les têtes qu'il amenait avec lui dans un sac. Tous les domestiques et les ouvriers du château étaient également conviés à cette grande réception.

À la fin du banquet, le roi invita les princes qui prétendaient avoir tué la bête à sept têtes à venir raconter comment ils avaient réussi cet exploit. Plusieurs princes se présentèrent, dans l'espoir de séduire le cœur de la belle princesse. L'un raconta qu'il était venu pendant la première journée, qu'il s'était battu très fort avec son sabre et qu'il avait fini par lui couper deux têtes, mais qu'après, il était trop fatigué pour revenir. D'autres racontèrent la même histoire, mais variant les jours. Quand vint le tour de celui qui avait récupéré les têtes, il dit tout simplement, et avec beaucoup d'assurance :

– C'est moi et moi seul qui ai tué la bête. Chaque jour, je suis venu avec un habit différent. Et j'ai avec moi la preuve que je suis l'auteur de cet exploit.

À ces mots, il déballa ses têtes devant tout l'auditoire. Le roi les regarda et dit :

– Sept têtes monstrueuses. Elles doivent bien être celles de la bête à sept têtes. C'est une bonne preuve. Qu'est-ce que tu en penses? demanda-t-il à la princesse.

– Ce sont effectivement les têtes de la bête, dit-elle en les examinant. Mais moi, je n'ai jamais vu cet homme.

– Comment ça? balbutia le roi. Et les autres? ajouta-t-il.

– Les autres non plus, je ne les ai jamais vus.

Le roi resta désemparé. Il croyait avoir trouvé le sauveur de sa fille, et voilà qu'elle refusait toutes les preuves présentées.

– Alors, c'est qui, ton sauveur? ajouta-t-il enfin.

– Je ne sais pas, dit-elle. Mais en tout cas, il n'est pas ici.

Après avoir regardé tout autour une deuxième fois, elle demanda à son père :

– Comment se fait-il que votre jeune vacher,

Ti-Jean, n'est pas à la fête?

– Je ne sais pas, répondit le roi. Il doit être au champ avec les vaches.

– Ne pourrait-on pas aller le chercher? insista la princesse. J'ai une question à lui poser.

– Permission accordée! reprit le roi.

Et il ordonna qu'on aille chercher Ti-Jean. Lorsqu'un domestique le rejoignit au champ, Ti-Jean lui demanda de rester avec les vaches pendant qu'il irait à la fête. Avant de se présenter devant cette assemblée royale, il décida de s'habiller en prince. Alors, il se rendit dans le château du premier géant et mit l'habit couleur d'étoiles. Lorsqu'il se présenta au château, le roi fut aussi émerveillé que la princesse. «D'où tient-il un pareil habit?» se demanda le roi. La princesse s'écria :

– Je pense que c'est lui qui a tué la bête.

– Oui, c'est moi, répondit Ti-Jean, au grand étonnement de tous les autres domestiques.

– Mais avez-vous des preuves? demanda le roi. Il y a un prince ici qui a les sept têtes de la bête. Il me semble que c'est une bonne preuve.

– Mais ce n'est qu'une preuve partielle, répondit Ti-Jean. Regardez donc dans la gueule de ces têtes si elles ont une langue.

Un domestique ouvrit les gueules, et chacun put le constater, les têtes n'avaient qu'une demi-langue.

– Alors, où sont les restes de langues? demanda le roi.

– Je les ai ici, répondit Ti-Jean en ouvrant son mouchoir.

Tout le monde resta émerveillé. La preuve semblait irréfutable. Mais la princesse ajouta :

– J'aimerais vérifier une dernière chose. J'ai ici des cheveux du prince qui est venu le troisième jour pour abattre enfin la bête à sept têtes. Pourriez-vous vérifier, mon père, s'ils correspondent à ceux de Ti-Jean?

La princesse lui passa son mouchoir avec les cheveux enveloppés dedans. Le roi fit agenouiller Ti-Jean près de lui et commença à établir la comparaison.

– Oui, finit-il par dire. Ils sont exactement identiques.

Alors, le roi se leva et annonça solennellement :

– Nous avons découvert la personne qui a tué la bête à sept têtes et, par conséquent, délivré ma fille, de même que toute la ville.

Et, s'adressant à Ti-Jean, il ajouta :

– J'ai promis la moitié de mon royaume à celui qui délivrerait ma fille, ainsi que sa main, si cela convenait aux deux. Ma parole est sacrée.

– Je vous remercie de votre bonté, répondit Ti-Jean. Mais, même si j'aime beaucoup votre fille, je ne suis ni prince, ni prêt à me marier. Pour l'instant, cependant, j'aurais une faveur à vous demander.

– Mais bien sûr, dit le roi. Dites seulement.

– J'aimerais, reprit Ti-Jean, retourner chez moi voir mon père et essayer de le convaincre de venir rester ici avec nous.

– Je vous l'accorde de grand cœur, dit le roi. Il me fera un très grand plaisir d'accueillir votre père au château. Je lui donnerai une des plus belles chambres du palais; comme à vous aussi, d'ailleurs.

Quelques jours plus tard, Ti-Jean prit le chemin de la maison de son père, vêtu fièrement d'un habit de prince et monté sur son petit cheval couleur de soleil.

LE NEVEU DU CURÉ

Il y avait une fois un capitaine de bateau qui s'était spécialisé dans le transport de la nourriture. Il voyageait de ville en ville, d'un côté à l'autre de la grande mer, afin de procurer aux habitants des villes côtières les provisions dont ils avaient besoin.

Le capitaine faisait ce travail depuis des années et il commençait à se sentir fatigué. Il avait un fils qui portait le nom de Jean et qui l'accompagnait de temps en temps. Un jour, il dit à son fils :

– Jean, je commence à me faire vieux. Bientôt, je devrai m'arrêter de travailler, et j'aimerais que tu prennes la relève. Je te donnerai mon bateau, tu deviendras capitaine et tu continueras à nourrir les villes avoisinantes.

– D'accord, répondit Jean. J'accepte de continuer le travail que vous avez commencé.

Ainsi, pendant les mois qui suivirent, Jean (que tout le monde appelait Ti-Jean) s'appliqua à suivre son père partout où il allait afin d'apprendre toutes les techniques du métier. Parfois, il pilotait le bateau; d'autres fois, il était au commandement; et d'autres fois encore, il partageait le travail des marins, les aidant à charger ou décharger le bateau.

Un beau jour que l'équipage retournait à son port d'attache, après un voyage épuisant, le père de Ti-Jean lui dit :

– Voilà, tu connais maintenant tout de ce métier. Ce sera mon dernier voyage. Désormais, le bateau est à toi.

Ti-Jean ne savait pas trop quoi répondre. D'une part, il était content de pouvoir être enfin indépendant et de poursuivre en même temps le métier de son père. Mais d'autre part, il avait un peu peur de ce qui l'attendait, car il savait bien que tout ne se passerait pas comme avec son père.

Les premiers mois se déroulèrent cependant sans la moindre difficulté. Il avait l'impression que son père avait tout prévu en le plaçant aux commandes. Les vendeurs lui faisaient de bons prix et les acheteurs payaient comptant. Un jour qu'il se promenait dans une ville où il venait de débarquer une cargaison de marchandises, il vit un château qui lui parut endeuillé. En s'approchant, il put lire sur une pancarte placée à l'entrée que la princesse avait été enlevée, il y avait de cela plus d'un an, et que le roi offrait une fortune à quiconque la ramènerait vivante au château. Ti-Jean n'avait pas le temps d'aller prendre plus d'informations, mais il pensa qu'un jour, lorsqu'il aurait un peu de temps, il se renseignerait; car, dans ses voyages, il rencontrait beaucoup de monde et apprenait beaucoup de choses.

Certains jours, la mer était si houleuse qu'il devenait difficile de manœuvrer. Mais le plus souvent, l'état de la mer permettait à Ti-Jean des moments de détente. Ces jours-là, il aimait placer un de ses marins à la barre et sortir sur le pont pour rester pendant des heures appuyé à la rambarde en regardant l'horizon.

Un jour, comme il venait de quitter sa propre ville où il avait livré une bonne partie de sa marchandise, il vit que le village voisin était couvert d'une épaisse fumée. Il dirigea alors son bateau vers la pointe de l'île afin de porter secours aux habitants. C'était le village où son oncle, le Père Joseph, était curé. Il avait passé chez lui une bonne partie de son enfance. Arrivé au quai, il demanda aux habitants ce qui se passait.

– Tout le village a brûlé, répondirent-ils. Nous n'avons rien pu sauver. Il y a même des blessés qui ont été transportés à la ville voisine.

– Et le Père Joseph? demanda Ti-Jean. Où est-il?

– Il est là-bas! répondit un homme qui envoya quelqu'un le chercher.

Le curé arriva tout en pleurs et en lamentations.

– Nous avons tout perdu, mon pauvre Ti-Jean. Nous sommes ruinés. Je ne sais plus quoi faire. Nous n'avons plus rien.

– Ne vous inquiétez pas, mon oncle, dit Ti-Jean en essayant de le consoler. Je connais un meilleur endroit que cette pointe rocheuse où l'on peut construire un village. Je vous y amènerai.

– C'est trop gentil, mon Ti-Jean, mais je ne peux pas laisser mes paroissiens ici tout seuls.

– Mais mon oncle, insista Ti-Jean, je peux amener tout le monde!

Aussitôt dit, aussitôt fait. Ti-Jean chargea son bateau à pleine capacité et se dirigea vers le lieu qu'il avait choisi. Il se disait qu'il reviendrait plus tard chercher le reste des habitants. Le voyage dura pratiquement toute une journée. Heureusement, Ti-Jean avait encore un peu de nourriture dans la cale de son bateau.

Arrivés sur les lieux, les paroissiens ne purent qu'admirer la beauté de l'endroit. Le terrain, plat et vaste, était situé au fond d'une vallée, à l'embouchure d'une rivière et en bordure de la mer. On avait une vue splendide sur la mer, de la vallée comme de la montagne.

— Un endroit idéal pour reconstruire notre village, affirma le curé.

Et il exhorta ses paroissiens à se mettre à l'œuvre. Ti-Jean débarqua ce qui restait de nourriture dans son bateau, puis il partit chercher les autres habitants du village brûlé. Il en profita pour s'arrêter dans une ville voisine, afin d'acheter les provisions dont les sinistrés auraient besoin. De retour avec sa deuxième charge de monde, Ti-Jean dit à son oncle :

— Je vais maintenant aller vous chercher une cargaison de matériel de construction. J'ai ici une douzaine de haches et des clous. Vous pouvez déjà commencer à bâtir des cabanes, en attendant d'être mieux logés.

Au bout d'une semaine, Ti-Jean était revenu avec tout le matériel nécessaire pour la construction. Comme le bateau était trop chargé pour s'approcher de la côte, des habitants durent construire des radeaux pour amener le bois et le ciment sur le rivage. Après, Ti-Jean appareilla de nouveau pour aller chercher, cette fois, des provisions. À son retour, il décida de rester pendant quelque temps dans le nouveau village, afin d'aider les paroissiens de son oncle à se rebâtir. Il prêta même ses marins pour que la construction avançât plus vite. Le curé était bien content et ne cessait de répéter à son neveu :

– Merci! Merci! C'est une bonne œuvre que tu fais là. Tu nous as vite redonné le goût de vivre.

– Je vous dois cela, et bien plus, répondit Ti-Jean, après tout ce que vous avez fait pour moi lorsque j'étais jeune. Et en plus, ajouta-t-il, je dois vous avouer que j'aimerais bien venir habiter ici un jour, et me construire une maison. En fait, j'avais remarqué cet endroit depuis longtemps.

– Eh bien, mon Ti-Jean, dit le curé, sache que tu seras toujours le bienvenu, et que tous les paroissiens t'accueilleront à bras ouverts.

– Merci, mon oncle! Mais pour l'instant, il faut que je retourne gagner ma vie. Le travail m'attend. Vous savez qu'il y a une ville à quelques lieues d'ici, le long de la mer. Si vous avez besoin de quelque chose, vous pourrez vous y rendre avec la barque que nous avons construite.

Le lendemain matin, Ti-Jean prenait de nouveau la mer avec ses hommes, en direction de d'autres villes. Il chargea d'abord une cargaison dans la ville voisine, cette ville au château triste. Il passa de nouveau devant le château. L'affiche était encore là, mais il n'avait toujours pas le temps de s'arrêter pour prendre des renseignements.

Trois semaines plus tard, alors qu'il revenait vers cette même ville, une tempête se leva. Les tempêtes en mer sont toujours la plus grande crainte des marins. Et celle-ci était particulièrement violente. On avait descendu la grande voile, pour éviter qu'elle ne se déchirât. Et Ti-Jean essayait, tant bien que mal, de garder le bateau face au vent afin qu'il ne se renversât pas. Mais le vent soufflait avec une telle rage que l'eau commençait à entrer dans la cale du bateau et dans la section des cabines. La mer était déchaînée et la hauteur des vagues, effrayante. Jamais Ti-Jean n'avait encore vu la mer dans un tel état. Devant la violence des vents, le foc s'était déchiré et la barre ne suffisait plus à guider le navire. De plus, la coque prenait l'eau à plusieurs endroits. Ti-Jean dit à son équipage, qui était presque mort de fatigue :

– Si la tempête continue, il va falloir quitter le navire! Préparez les canots de sauvetage.

Les marins avaient de plus en plus de peine à marcher sur le pont. Ils devaient s'accrocher à la bôme pour ne pas être balayés par la mer. Lorsque l'équipage eut préparé les trois canots de sauvetage, Ti-Jean déclara :

– Inutile de rester à bord. Le navire s'enfonce de plus en plus. La cale est presque pleine. Nous allons bientôt couler. Alors, embarquez sur deux des trois canots, et que Dieu vous bénisse! Moi, je reste à bord jusqu'à la fin.

Les marins essayèrent de le convaincre de venir avec eux, mais sans succès. Il voulait rester près de son bateau qui représentait toute sa vie. Bientôt cependant, la tempête se calma. Mais il était trop tard, le vaisseau coulait à pic. Ti-Jean eut tout juste le temps de monter dans le dernier canot de sauvetage et de ramer loin du bateau qui s'enfonçait. Il avait les larmes aux yeux, autant à cause de la fatigue que de la disparition de son navire. Qu'allait-il arriver à ce pauvre bateau sous la mer? Il pourrirait, comme tout le reste. Rien n'est éternel. Il fallait qu'il apprît cela, et de la façon la plus difficile. Il se coucha au fond du canot en pleurant et s'endormit, pendant que la petite embarcation s'en allait à la dérive.

Lorsqu'il se réveilla, il faisait jour. Il avait échoué sur la grève, en face d'un gros château massif peint en vert et entouré d'une clôture en fer munie d'une grande porte. De l'intérieur de ce château, une princesse examinait cette étrange petite embarcation qui était venue s'échouer sur la plage. Elle pensa : «Et si c'était mon sauveur, celui qui est venu pour me délivrer? Il faut que je le prévienne de ne pas se présenter à la grande porte, car le géant le verrait.» Elle écrivit donc une lettre qu'elle alla jeter par-dessus la clôture du château.

Ti-Jean, qui était encore à moitié étourdi, aperçut quand même cette lettre s'envoler par-dessus le mur. Elle était adressée à «l'étranger en bateau». Il l'ouvrit et y lut le message suivant : «Je suis une princesse prisonnière d'un géant. Si vous voulez m'aider, rejoignez-moi à la petite porte du côté nord de la grille du château dans une heure. Je vous expliquerai alors la suite.»

Ti-Jean attendit une heure avant d'aller se présenter à la petite porte du côté nord. Il pensait que dans sa malchance, il avait quand même eu de la chance d'échouer là; car cette princesse était sûrement celle pour laquelle le roi promettait une fortune. Lorsqu'il arriva à la porte, la princesse l'attendait.

– Avant de vous révéler quoi que ce soit, dit-elle, j'aimerais savoir qui vous êtes et ce que vous faites ici.

Alors, Ti-Jean lui raconta son histoire : son travail, les gens qu'il avait aidés, la tempête en mer, puis le naufrage. À son tour, Ti-Jean lui demanda qui elle était. Alors, elle lui raconta qu'elle était la fille unique d'un roi et qu'elle avait été enlevée par des bandits il y avait plus d'un an parce qu'un géant voulait l'épouser. Depuis, plusieurs personnes avaient voulu la délivrer, mais elles avaient toutes été tuées par le géant, qui les jetait dans sa fosse aux lions. Puis elle ajouta :

– Je ne peux pas m'enfuir, car tous les alentours sont surveillés par les hommes du géant. La seule possibilité d'évasion reste la mer. Mais il n'y a pas de navire ici. Vous avez un bateau. Vous êtes mon seul espoir. Cependant, il va falloir que je me débarrasse du géant avant de pouvoir m'enfuir.

– Je suis bien prêt à vous aider, répliqua Ti-Jean, mais je voudrais savoir ce que je dois faire.

– J'ai un plan, continua la princesse avec une rare détermination. Je connais le moyen de faire tomber le géant dans sa propre fosse aux lions. Quand je me serai débarrassée de lui, je mettrai un petit drapeau blanc à cette fenêtre. Ce sera alors à vous d'agir. Il va falloir que vous vous débarrassiez du gardien qui surveille la grille d'entrée et que vous preniez sa place. Il est très cruel et tout le monde en a peur. C'est le seul gardien auquel tout le monde obéit quand le géant n'est pas là. Si vous pouvez prendre sa place, on pourra facilement sortir d'ici.

– Je veux bien essayer, dit Ti-Jean. Mais je ne promets rien. Car il sera aussi cruel avec moi qu'avec les autres.

– Il faut que je vous quitte maintenant, car le géant va bientôt se réveiller. Cachez votre petit bateau dans le bosquet et attendez le pavillon blanc.

La princesse se sentit tout à coup transportée par un nouvel élan. Sachant que Ti-Jean était là pour l'aider, elle avait l'impression d'être capable de tout. Elle connaissait une ouverture dans le plancher de la grande pièce qui donnait directement sur la fosse aux lions. Elle n'avait qu'à enlever le couvercle, couvrir le trou avec un tapis et s'arranger pour que le géant passât dessus. Elle trouva la force d'enlever le grand couvercle et de recouvrir le trou d'un tapis soutenu par quelques lattes de bois afin qu'il ne s'enfonçât pas. Lorsqu'elle vit le géant arriver, elle se plaça de l'autre côté du trou caché et dit au monstre :

– Mon cher géant, je réfléchis depuis des mois à notre situation et je pense bien qu'un jour je vais accepter de vous épouser.

À ces mots, le géant ne put contenir sa joie et se dirigea droit vers la princesse. En arrivant devant elle, il sentit le plancher craquer sous ses pieds et plouf! il était parti pour la fosse aux lions. On entendit une longue plainte, le rugissement des lions, puis, plus rien. «Ils ont de quoi se rassasier pour longtemps!» pensa-t-elle. Puis elle alla accrocher un petit drapeau blanc à la fenêtre, du côté nord.

Lorsque Ti-Jean vit le drapeau, il sentit un courant de nervosité monter en lui. Le géant était sans doute mort, mais il restait le gardien. Comme il ne connaissait pas sa cruauté, il se sentait mal à l'aise de le tuer. La princesse avait seulement dit qu'il fallait s'en débarrasser. Alors, il attendit la tombée de la nuit.

Lorsqu'il jugea qu'il faisait suffisamment sombre, il se cacha derrière un poteau le long de la grande grille, et quand le gardien vint faire sa ronde, il le prit par le cou et le corps, lui enfonça une vieille chaussette dans la bouche afin qu'il ne criât pas et lui enleva son fusil. Il l'attacha alors avec des cordes, le traîna à son canot, l'attacha au fond du bateau et il mit l'embarcation à la mer. «Avec un peu de chance, pensa-t-il, il va, comme moi, s'échouer sur une autre plage à la marée montante.» Il prit alors le manteau du gardien, récupéra son fusil et alla se poster à la grande porte de l'entrée. Lorsque, plus tard, deux des hommes du géant se présentèrent à la porte pour le voir, il leur dit :

– Messieurs, le géant est mort. Vous êtes maintenant sous mes ordres. Montez la garde de chaque côté de la grande porte, et ne laissez personne entrer au château.

Les hommes poussèrent un cri d'étonnement, mais ils obéirent. Ti-Jean entra dans le château pour rejoindre la princesse. Celle-ci était si contente qu'elle en pleurait de joie.

— Il est mort! criait-elle. Il est mort! Je suis libre!

— Pas si vite, rétorqua Ti-Jean, l'esprit prudent. Nous sommes encore dans le château du géant. Et rien ne dit que l'on va pouvoir s'en aller. Car je n'ai même plus de bateau.

— Comment ça, plus de bateau? interrogea la princesse.

Et Ti-Jean lui raconta son histoire : comment le bateau était parti à la dérive, emporté par la marée descendante, avec le gardien dedans. Mais la princesse n'était pas au bout de ses ressources.

— Suis-moi! dit-elle simplement.

Elle conduisit Ti-Jean dans une des chambres du château, prit les clefs qu'elle avait trouvées dans la chambre du géant, ouvrit un grand coffre et fit signe à Ti-Jean de s'approcher. Le coffre était plein de pièces d'argent : un véritable trésor.

— Le géant était un grand voleur, dit-elle. Il avait des dizaines de bandits à son service. Et ce n'est pas tout!

Elle amena Ti-Jean dans une autre pièce, ouvrit un autre coffre, qui était plein, celui-ci, de pièces d'or. Ti-Jean était émerveillé. Il n'avait jamais vu de sa vie autant d'or et d'argent. Maintenant, il connaissait le sens du mot «trésor».

– Mais, belle princesse, dit Ti-Jean, est-ce qu'on peut utiliser cet argent-là?

– Bien sûr, répondit la princesse. Il est à nous.

– Dans ce cas, ajouta Ti-Jean, je peux me faire construire un bateau.

Dès le lendemain matin, Ti-Jean, avec l'aide des hommes du géant, avait réussi à trouver des ouvriers spécialisés dans la construction de bateaux; et ils s'étaient tous mis à l'œuvre, le jour même. Ti-Jean avait dessiné les plans et il surveillait les travaux de près. Il voulait se construire un navire qui ne prendrait pas l'eau durant les tempêtes.

Le soir, Ti-Jean discutait avec la princesse de la route à prendre pour la ramener chez elle, car il n'avait aucune idée du lieu où il s'était échoué. Mais la princesse croyait connaître le chemin. Une vieille sorcière, qui était venue au château du géant un jour, lui en avait parlé. D'après elle, il fallait partir à six heures du matin et se diriger droit vers le soleil levant. Et en deux ou trois jours de bonne brise, elle arriverait à sa ville natale.

La construction allait bon train et Ti-Jean était très content de son nouveau vaisseau. Dans l'espace d'un mois, tout était terminé. Il ne restait plus qu'à haler le bateau à l'eau, ce qui fut fait sans problème. Ti-Jean pensa à ses anciens marins. Ce serait tellement plus facile d'appareiller avec eux à bord! Que leur était-il arrivé? Où étaient-ils? Il espérait qu'ils avaient, eux aussi, échoué quelque part sur une plage.

– Est-ce qu'on va bientôt pouvoir partir? cria la princesse de la plage.

– Demain matin! hurla Ti-Jean du haut de son bateau. Si les vents sont favorables.

Ils passèrent la soirée à monter assez de provisions à bord pour durer quelques jours, et ils apportèrent avec eux ce qu'il restait d'argent.

– On ne va tout de même pas laisser ça aux pilleurs de trésors, dit la princesse avec un sourire. Et en plus, on va peut-être en avoir besoin nous-mêmes.

Le lendemain matin, comme le vent était favorable, Ti-Jean décida de lever l'ancre. Il emmenait avec lui deux des hommes du géant pour l'aider à manier les voiles et à manœuvrer le bateau. La princesse, de son côté, devait s'occuper de la navigation. Ti-Jean cumulait les postes de commandant et de pilote.

Le bateau voguait à belle allure et Ti-Jean était très content de sa nouvelle embarcation. Au bout d'une journée, on ne voyait plus rien que de l'eau. Ils naviguaient en pleine mer. La princesse était à la fois active et inquiète. Allait-elle arriver enfin chez elle? Elle entrait dans la cabine pour examiner la carte, maniait le compas afin de voir si le bateau suivait la bonne route, puis sortait marcher sur le pont et regarder dans sa longue-vue. Le troisième jour, elle aperçut la terre.

– Ti-Jean, viens voir! cria-telle. La terre! La terre!

Elle sautillait et criait comme si elle n'avait pas vu la terre depuis des semaines.

Quelques heures plus tard, Ti-Jean reconnut les lieux. Enfin, il n'était plus perdu. Son bateau se dirigeait en effet tout droit vers la ville où il avait vu la pancarte, près du château triste, annonçant que la princesse avait été enlevée.

Pendant ce temps, le roi et ses gardes examinaient le bateau étranger qui se dirigeait vers la ville.

– Il faut arraisonner ce bateau inconnu, dit-il à ses gardes. Allez voir qui sont ces intrus. Et les gardiens partirent en mer pour arrêter le bateau. Ils montèrent à bord et demandèrent à voir le capitaine.

— C'est moi le capitaine, annonça Ti-Jean.

— Il faut une permission du roi, dirent-ils, pour naviguer sur ces eaux. Avez-vous cette permission?

— Oui! dit Ti-Jean. Je l'ai.

— Alors, montrez-la-nous, dit un des gardes.

Ti-Jean alla chercher la princesse qui était restée dans la cabine, l'amena sur le pont et dit aux gardes :

— La voici, ma permission!

— Comment ça? dirent les gardes, étonnés.

— C'est la fille du roi! ajouta Ti-Jean.

— La fille du roi!...

Les gardes n'en croyaient pas leurs yeux. Elle lui ressemblait, en effet. Mais était-ce bien elle? Ils décidèrent de la faire examiner par le roi.

— Entrez au quai, ordonnèrent-ils, et le roi jugera lui-même!

Lorsque le bateau étranger eut accosté au quai, le roi monta à bord, et ce fut la fête. Il pleurait, tellement il était ému et étonné de voir sa fille vivante. Il la ramena au château en la portant dans ses bras, comme lorsqu'elle était enfant, et ce fut au tour de la reine de pleurer. Ils invitèrent toute la ville à une grande fête, qui dura trois jours. Il y avait toutes sortes de bonnes choses à manger et à boire, tellement que Ti-Jean n'avait plus envie de s'en aller. À un moment donné, le roi s'approcha de lui et lui dit :

– Vous savez, Ti-Jean, je vous dois une fortune. Aviez-vous vu l'affiche devant le château?

– Oui, répondit Ti-Jean, je l'avais vue. Mais ce n'est pas pour cela que j'ai délivré la princesse. En fait, c'était plutôt un accident!

Ti-Jean lui raconta les misères qu'il avait eues dans son métier de marin, comment il avait fait naufrage, de quelle manière il avait trouvé la princesse, avec quoi il avait construit son bateau, etc. Le roi fut touché par son histoire. En fait, il trouvait Ti-Jean bien sympathique.

– Pourquoi ne resteriez-vous pas avec nous? dit-il à Ti-Jean. Nous avons de la place. Vous pourriez continuer votre commerce à partir d'ici. Et si un jour vous vous plaisiez avec la princesse, je vous la donnerais en mariage.

– C'est très gentil, répondit Ti-Jean. Mais j'ai un oncle qui est curé dans un petit village tout près d'ici. Je l'ai aidé à construire ce village et je lui ai promis que j'irais vivre là, avec lui et ses paroissiens.

— Il est où, ce village? demanda le roi.

— À quelques lieues seulement d'ici, rétorqua Ti-Jean. Juste de l'autre côté de la colline.

— Alors, il faut établir un lien de communication entre nous, reprit le roi. Dès la semaine prochaine, j'ordonnerai que l'on commence à construire une route.

— Ça, c'est une bonne idée, répliqua Ti-Jean. Mon oncle sera très content. Ce sera plus facile pour eux de venir s'approvisionner à la ville.

— Quant à la fortune, continua le roi, tu peux venir la chercher n'importe quand. De plus, notre maison te sera toujours ouverte.

— Je vous remercie infiniment, conclut Ti-Jean. Je m'en souviendrai.

À la fin des trois jours de réjouissances, Ti-Jean dit au revoir à toute la famille et déclara :

— Je m'en vais en mer pour continuer mon travail et apporter des provisions à ceux qui en ont besoin. Puis, il faut que j'aille voir mon oncle. Mais vous me reverrez bientôt. Très bientôt même!...

LE GRAND CHÂTEAU BLANC

Il était une fois une famille de pêcheurs qui vivaient si pauvrement que, bien souvent, ils n'avaient même pas de poisson à se mettre sous la dent. Malgré leur pauvreté, aucun des trois fils n'avait cherché à s'en aller, se croyant obligé de rester avec la famille pour l'aider à survivre. Ils habitaient tous les cinq dans une misérable petite maison, construite sur un terrain rocailleux au bord de la mer où rien ne poussait. Les jours où ils pouvaient prendre du poisson, ils mangeaient bien. Mais quand ils n'en prenaient pas, ils ne mangeaient pas. Et le plus souvent, ils n'en prenaient pas.

Un beau jour où ils étaient en train de pêcher non loin du rivage, ils virent un grand bâtiment blanc venir directement vers eux. Lorsqu'il arriva près de la pauvre petite barque des pêcheurs, le grand bâtiment blanc s'arrêta et jeta l'ancre. Le capitaine, qui était habillé tout en noir, sortit sur le pont et cria aux pêcheurs :

– Que faites-vous là ?

— Nous essayons de prendre du poisson, répondit le père.

— Et alors, en prenez-vous? demanda le capitaine.

— Non, pas aujourd'hui. Ce sera encore un de ces jours où on ne mangera pas, ajouta-t-il.

— Vous vivez donc pauvrement? interrogea le capitaine.

— Eh oui! répondit le pêcheur. Lorsqu'il y a du poisson, on mange. Mais quand il n'y en a pas, on ne mange pas.

— Si vous voulez manger à votre faim, dit le capitaine, on peut peut-être essayer de conclure un marché.

— Avec plaisir! répondit le vieux pêcheur. Mais quel est le marché que vous proposez?

Le grand bâtiment blanc avait dérivé tout près de la pauvre petite embarcation du pêcheur, et le capitaine examinait maintenant avec attention les trois fils. Il se pencha sur la rambarde et dit, de façon condescendante :

— Si vous voulez me prêter le plus jeune de vos garçons pendant trois jours, vous prendrez tout le poisson que vous voudrez. Ainsi, vous pourrez devenir marchand de poisson et vivre à votre aise.

Le vieux pêcheur trouva ce marché un peu bizarre. Il regarda Ti-Jean comme pour l'interroger des yeux. Celui-ci fit signe à son père qu'il devrait accepter. «De toute façon, pensa-t-il, j'aimerais bien voyager sur ce grand bâtiment; et si cela peut aider ma famille en plus, tant mieux.»

— C'est d'accord, dit le vieux pêcheur. Ti-Jean ira avec vous.

Ti-Jean grimpa sur l'échelle de corde. Dès qu'il fut à l'intérieur, le grand bâtiment blanc leva l'ancre. Aussitôt que le bateau eut disparu à l'horizon, les pauvres pêcheurs se mirent à prendre du poisson. En peu de temps, ils avaient rempli leur bateau.

Lorsque la mère les vit arriver à la maison ce soir-là avec des cuves pleines de poisson, elle n'en croyait pas ses yeux. Mais sa joie se changea vite en tristesse lorsqu'elle apprit ce qui s'était passé.

— J'ai de la peine à croire que tu as fait ça, dit-elle à son mari. Pauvre Ti-Jean, on ne le reverra plus.

Mais la malheureuse dame se trompait, car trois jours plus tard, on vit revenir Ti-Jean à la maison, tout joyeux. Il avait pu goûter, sur le grand bâtiment blanc, à toutes sortes de mets qu'il ne connaissait pas; et on lui avait fait visiter un grand château de l'autre côté de la mer. Et maintenant, il voyait sa famille contente d'avoir pu prendre tant de poisson.

Toutefois, les jours suivants furent moins joyeux. Les pêcheurs avaient beau tendre leurs filets aux mêmes endroits que les jours précédents, ils étaient toujours vides. Pas un seul poisson ne se prenait dans les filets et aucun non plus ne mordait aux lignes qu'ils traînaient derrière eux.

Quelques jours plus tard, les quatre pêcheurs étaient assis sur un rocher, au bord de la plage, découragés, lorsqu'ils virent le grand bâtiment blanc se diriger droit vers le rivage. Il s'immobilisa, jeta l'ancre, et trois matelots mirent une barque à l'eau, puis vinrent à la côte, en compagnie du capitaine. En débarquant, celui-ci alla directement aux pêcheurs et dit au père d'un ton encore plus solennel :

– Si vous voulez de nouveau prendre du poisson, vous n'avez qu'à me prêter votre Ti-Jean. J'en ai besoin pour une mission particulièrement délicate.

Comme la première fois, Ti-Jean fit signe à son père d'accepter, et le marché fut conclu. On amena donc Ti-Jean sur le grand bâtiment blanc qui aussitôt fit voile vers le large.

Au bout de trois jours, le bateau s'arrêta dans

LE GRAND CHÂTEAU BLANC

un port de mer bien différent de celui que Ti-Jean avait vu la première fois. Arrivé là, on lui banda les yeux et on l'amena, en carrosse, dans un grand château blanc. Le voyage en carrosse avait duré plusieurs heures. On le conduisit dans une chambre où le capitaine lui enleva son bandeau et lui dit :

— Cette pièce est ta chambre. Je t'ai amené ici pour exécuter une mission, une mission que toi seul peux remplir. Mais je ne peux pas t'expliquer la façon de l'exécuter. Il faut que tu la découvres toi-même.

Après le départ du capitaine, Ti-Jean sortit de sa chambre pour examiner le château, qui était d'une grande beauté. Ce qui l'étonna le plus, cependant, c'était de voir que ce beau grand château était vide. En effet, il ne rencontra personne.

Le soir venu, il s'assit à table, comme il l'avait fait dans le premier château que le capitaine lui avait montré. Mais cette fois, personne ne vint le servir. Il attendit longtemps, mais rien ne bougea dans le château.

Comme il commençait à faire sombre, Ti-Jean se dirigea vers sa chambre où une bougie avait été allumée en son absence. Il se dit qu'il devait quand même y avoir quelqu'un dans le château puisque la bougie ne pouvait pas s'être allumée toute seule.

À neuf heures, cependant, la bougie s'éteignit d'elle-même. Ti-Jean trouva cela mystérieux. Il tenta de la rallumer, mais il n'y avait rien à faire; la mèche ne voulait pas prendre feu. Même s'il trouvait la situation inquiétante, il décida de se coucher. Il n'avait pas été couché plus d'une demi-heure qu'il sentit quelqu'un se glisser à côté de lui dans son lit.

– Qui est là? cria-t-il.

Mais personne ne répondit. Il tenta de se lever mais une main ferme l'en empêcha. Malgré la peur qui le faisait trembler de tout son corps, il décida de ne pas bouger et d'essayer de dormir. La nuit fut longue, car il eut de la difficulté à s'endormir. Le lendemain matin, lorsqu'il se réveilla, il était seul dans son lit.

À sept heures, il alla s'asseoir à table pour manger, mais personne ne vint le servir, et la cuisine était vide. Le midi, ce fut encore pareil. Il commençait à avoir faim. Tellement, qu'il cria tout haut, comme s'il parlait à quelqu'un :

– Si au moins j'avais un morceau de pain!

Ti-Jean n'avait pas aussitôt terminé sa phrase qu'un morceau de pain glissa devant lui sur la table. «Ah! si c'est cela qu'il faut faire, pensa-t-il, ce n'est pas compliqué!» Alors, il s'écria :

– Je voudrais avoir un repas!

Et en un rien de temps, il se retrouva en face d'un merveilleux repas. Il était content et heureux d'avoir découvert un pareil trésor. Au repas du soir, il fit la même demande, et en un rien de temps, son souper se trouvait sur la table.

Vers six heures, comme le soir précédent, la bougie dans sa chambre s'alluma sans qu'il y eût touché, et à neuf heures, elle s'éteignit de nouveau toute seule.

– Qui a soufflé la bougie? s'écria Ti-Jean.

Mais personne ne répondit. Il se dit que sa nouvelle découverte pourrait peut-être encore lui servir, alors il cria très fort :

– Bougie, rallume-toi!

Mais rien ne se passa. Il essaya de formuler sa demande de différentes manières, mais sans obtenir davantage de résultats. Alors, il se coucha, et il attendit. Puis effectivement, une demi-heure plus tard, il sentit de nouveau quelqu'un se glisser dans le lit.

– Je vous ordonne de partir! dit-il, pensant que sa nouvelle découverte marcherait peut-être cette fois. Cependant, la personne ne bougea pas. Il voulut essayer de la toucher, mais une main forte l'en empêcha. Alors, il se résigna à se coucher et à essayer de dormir. Le lendemain matin, lorsqu'il se réveilla, il était encore une fois seul dans son lit.

La vie se poursuivit ainsi pour Ti-Jean pendant plusieurs mois. Cependant, même s'il était très bien nourri et bien logé, il trouvait le temps long et s'ennuyait un peu. Un bon jour, il se dit : «Il faudrait bien que je retourne voir mes parents.» Alors, il s'écria :

– Je voudrais aller voir mes parents!

Quelques instants plus tard, il entendit un bruit à l'extérieur du château. En ouvrant la porte, il vit un carrosse et il reconnut les trois matelots qui l'avaient amené là en compagnie du capitaine.

– Suivez-nous, dit l'un d'eux.

Et en quelques heures, ils se retrouvèrent au bord du quai où était accosté le grand bâtiment blanc. Trois jours plus tard, ils mouillèrent l'ancre près de la maison de ses parents. Avant que les matelots ne l'amenassent à la côte dans une barque, le capitaine lui dit :

– Je veux que tu sois de retour en moins de trois jours, car autrement, il t'arrivera un malheur.

– Oh là là! Ce n'est pas la peine de faire tant de cérémonies, répondit-il. Je serai de retour en moins de trois jours.

Les parents et les frères de Ti-Jean étaient bien contents de le retrouver à la maison. Ils avaient presque perdu espoir de le revoir. Sa mère lui prépara un grand festin de poisson, puisqu'ils en prenaient maintenant en grande quantité, et Ti-Jean leur raconta ce qu'il avait vécu au cours de cette dernière année, et comment il n'avait qu'à demander pour que tout lui arrivât. Il n'oublia pas non plus de raconter comment, chaque soir, sa bougie s'allumait et s'éteignait sans qu'il y touchât, et comment quelqu'un venait se coucher dans son lit sans qu'il pût savoir ni qui c'était, ni pourquoi cette personne venait là plutôt que dans une autre chambre.

Trois jours plus tard, lorsque vint le moment de partir, sa mère lui apporta une petite boîte de bougies en lui disant :

– Je crois que tu devrais emporter ces bougies avec toi. Celles-ci, au moins, ne s'éteignent pas sans que quelqu'un les souffle.

– Merci, maman, dit Ti-Jean. Je pense que c'est une bonne idée.

Puis, toute la famille se mit en route pour accompagner Ti-Jean au grand bateau blanc. Le capitaine était déjà sur la côte avec ses matelots, et il attendait. En voyant Ti-Jean, il lui dit :

– Je te remercie d'être revenu, Ti-Jean, mais je te demande de laisser cette boîte ici. Tu sais que tu n'as besoin de rien.

— Mais, capitaine, ce sont des bougies que j'emporte afin de pouvoir lire le soir quand j'en aurai envie, car la bougie de ma chambre s'éteint d'elle-même à neuf heures, et je ne peux plus la rallumer.

Le capitaine eut un sourire sympathique et dit :

— Je sais, mais j'insiste pour que tu laisses cette boîte ici.

— Non, répondit Ti-Jean. C'est un cadeau de ma mère, et j'en ai besoin.

— Bon, d'accord, concéda le capitaine. Mais tu le regretteras.

Cette fois, Ti-Jean n'eut pas droit aux mêmes égards sur le bateau. Il devait coucher dans la cale et le capitaine venait souvent le voir en l'exhortant à jeter ses bougies à l'eau; sinon, il le regretterait. Mais Ti-Jean voulait garder ses bougies. Il voulait voir qui était cette personne qui venait dans son lit.

Lorsqu'ils arrivèrent au quai, Ti-Jean n'eut pas droit au carrosse du capitaine et il dut marcher jusqu'au château. Le trajet dura plus de deux jours. Lorsqu'il arriva au château, il vit que la porte était ouverte, comme si quelqu'un l'attendait. Il entra, mais ne trouva personne. Il se commanda à manger, et en un rien de temps, la table était garnie. À la nuit tombante, la bougie s'alluma comme d'habitude; et à neuf heures, elle s'éteignit.

– Voilà! dit Ti-Jean, tout heureux de l'idée de sa mère. Ce soir, je vais veiller et nous verrons bien ce qui va se passer.

Il ouvrit sa boîte et alluma une bougie. Il se sentait content de pouvoir ainsi déjouer un sort contre lequel il ne pouvait rien depuis un an. Au bout d'une demi-heure, il entendit une voix plaintive derrière la porte qui disait :

– Jean, souffle ta chandelle! Souffle ta chandelle!

– Non! Je ne la soufflerai pas. Je vais enfin savoir qui tu es.

– Jean, s'il te plaît, souffle ta chandelle!

C'était une voix de femme, et son ton devenait de plus en plus plaintif, comme la voix de quelqu'un qui est au bord du désespoir. Puisque rien ne se passait, Ti-Jean se leva pour aller ouvrir la porte.

– Non! Non! cria la voix effrayée. N'ouvre pas la porte.

Mais Ti-Jean ne voulut rien entendre et il ouvrit quand même la porte, la bougie à la main. Ce qu'il vit derrière la porte lui sembla être une apparition. Une grande femme drapée de blanc, des paillettes d'or dans les cheveux, gisait là, par terre. Elle le dévisagea, le regard rempli de désespoir. Sa beauté était celle d'une princesse.

– Ah! quel malheur! dit-elle. Quel malheur! Je n'avais plus qu'une nuit à coucher à tes côtés, une seule nuit, et j'aurais été délivrée. Maintenant, tout est perdu à tout jamais. Je redeviens une esclave sans pouvoir. En me délivrant, tu aurais pu m'épouser et devenir le roi de cet immense domaine, un des plus grands de la terre. Malheur à moi! Malheur à toi! Et malheur à nous!

Ti-Jean ne savait plus quoi dire. Il était incapable de penser. Incapable même de bouger.

– Si j'avais su, dit-il, le cœur attristé. Si j'avais su, je t'aurais aidée.

– Mais justement, ajouta-t-elle en pleurant, si tu avais su, rien n'aurait marché. Il fallait que tu agisses sans le savoir. Maintenant, tout est fini. Fini!

Ti-Jean, voulant la consoler, éteignit sa chandelle et essaya de la prendre dans ses bras.

– Non! dit-elle. Ne me touche pas. C'est trop tard, de toute façon. Tout est trop tard. Tu as déjà perdu le don du commandement, ce trésor que tu avais reçu en entrant dans ce château. Et demain, tu vas te réveiller dans une grande forêt, bien loin d'ici. Au revoir, Jean, ajouta-

LE GRAND CHÂTEAU BLANC 133

t-elle d'une voix qui était à la fois un soupir et une accusation. Tu étais la seule personne qui avait su me donner de l'espoir. Hélas, tout est perdu maintenant.

Et elle disparut dans l'obscurité de la nuit. Ti-Jean resta là un bon moment, incapable de bouger, incapable de comprendre pourquoi il avait tant insisté pour voir de ses propres yeux cette personne qui passait ses nuits près de lui.

Cette nuit-là, il ne retourna pas dans son lit. Mais lorsqu'il se réveilla, le lendemain, il était effectivement dans la forêt, comme la princesse l'avait prédit. «Ah! Je suis le plus malheureux des malheureux, pensa-t-il. Pourquoi n'ai-je pas écouté le capitaine? Pourquoi ai-je été aussi têtu? Aujourd'hui, j'aurais pu être un roi. Maintenant, je suis désespéré, fini, ruiné. Et je ne sais même pas comment aller rejoindre ma famille.»

Après avoir poussé des gémissements toute la matinée, il se décida enfin à se lever. Mais pour quoi faire? Pour aller où? La forêt était dense et il semblait n'y avoir personne autour. En marchant, il aperçut un petit chemin battu par les animaux et il se mit à le suivre. Après plus d'une heure de marche, il entendit un hurlement devant lui qui ressemblait au cri du lion. Il avait peur, mais il continua de marcher quand même. Plus il avançait, plus le cri devenait persistant et plaintif. En s'approchant, il vit bientôt un lion pris dans un filet de chasseur. Immédiatement, il pensa à la belle princesse du grand château blanc. «Non! se dit-il. Toi, tu ne resteras pas prisonnier de ce filet.» Alors, il ouvrit son canif et coupa les mailles du filet, afin de délivrer le lion.

Le lion était si content qu'il ne savait comment remercier Ti-Jean. Alors, il arracha une des vibrisses de sa moustache, qu'il donna à Ti-Jean en disant :

– Cette vibrisse restera sensible pendant des années encore. Ainsi, quand tu voudras devenir le lion le plus fort de la terre, tu n'auras qu'à la serrer dans ta main, à souhaiter devenir lion, et tu le deviendras.

– Merci beaucoup, dit Ti-Jean, et il continua son chemin.

Il marcha ainsi jusqu'à la tombée de la nuit. Le soir venu, il se coucha contre un arbre pour dormir. Il entendit bientôt comme un grésillement près de son oreille. En examinant le tronc d'arbre, il vit une fourmi, les pattes prises dans de la gomme de sapin qui avait coulé de l'arbre. À l'aide de son petit canif, il la libéra doucement de cette pâte gluante. En guise de remerciement, la fourmi lui offrit une de ses pattes, après l'avoir bien léchée, en lui disant :

– Si un jour tu as besoin de te faire petit

comme une fourmi, serre cette patte entre tes doigts, et tu deviendras fourmi.

Ti-Jean la remercia et il s'endormit. Au moment où l'aube pointait à l'horizon, il fut réveillé par le cri rauque d'un oiseau qui se débattait non loin de lui. Il sauta debout et se précipita dans la direction d'où venait le cri. Horreur! Il vit un lynx qui tenait un aigle sous ses pattes et qui s'apprêtait à le dévorer. Ti-Jean pensa de nouveau à sa belle princesse prisonnière. Alors, il sortit la vibrisse de sa poche, la serra très fort et devint un lion en trois secondes. Il s'approcha du lynx qui, en voyant foncer sur lui un lion, lâcha sa proie. Ti-Jean redevint lui-même et aida alors l'aigle à se relever et à reprendre son vol. Quelques instants plus tard, il vit l'aigle revenir vers lui en lui disant :

– Puisque tu m'as sauvé la vie, je vais te donner un cadeau. Voici une de mes plumes. Si jamais un jour tu as besoin de devenir un oiseau pour voler, prends cette plume, serre-la dans ta main, et tu deviendras un aigle.

– Merci! lui dit Ti-Jean. Je te suis très reconnaissant.

Comme il commençait à avoir faim et qu'il semblait n'y avoir rien à manger autour, il se transforma en fourmi et se mit à grignoter tout ce qu'il pouvait trouver par terre et sur les vieilles souches. Lorsqu'il redevint Ti-Jean, il n'avait plus faim. C'est alors qu'il pensa à se transformer en aigle, afin de sortir de cette forêt.

Ti-Jean était tout content de pouvoir planer au-dessus de cette immense forêt d'arbres sans tomber dedans. C'était magnifique. Il voyait au loin des collines, des maisons, une grande ville, un château même, comme suspendu en l'air au sommet d'une montagne. Il pouvait voir toutes ces choses à la fois. Pendant un bout de temps, il se mit à envier les oiseaux... Toutefois, il pensait toujours à la belle princesse du grand château blanc qui était encore prisonnière par sa faute, et il se demandait ce qu'il pourrait bien faire pour la libérer.

Il atterrit dans la ville qu'il avait aperçue de loin et dans laquelle il y avait un château. En questionnant des gens, il apprit que le roi avait une fille, une princesse, qui avait été enlevée par des malfaiteurs il y avait bien des années, et que personne n'avait revue depuis. Il pensa : «Si je peux libérer une princesse, que ce soit celle du grand château blanc ou non, qu'importe, je le ferai.» Alors, il décida d'aller proposer ses services au roi.

Le roi ne croyait pas beaucoup aux capacités de Ti-Jean, car bien des gens avant lui avaient cherché la princesse et personne ne l'avait trouvée. Mais comme il jugea qu'il n'avait rien à perdre, il dit à Ti-Jean :

– Si tu me ramènes ma fille, je te la donne en mariage, si elle y consent, avec la moitié de mon royaume.

– Marché conclu! s'écria Ti-Jean. Et il redescendit vers la ville.

Sa première idée fut d'aller voir cette espèce de château suspendu qu'il avait vu de loin en volant vers la ville. Il se transforma donc en aigle et vola vers la montagne. Arrivé au château, il se posa sur le toit et s'arrêta un instant pour regarder les alentours. La vue était incomparable. On pouvait voir de tous les côtés en même temps et à plusieurs lieues à la ronde. Mais rien ne bougeait autour du château. Afin d'aller voir ce qui se passait à l'intérieur, il décida de se transformer en fourmi. Ainsi, il descendit lentement le long du mur du château et entra à l'intérieur par le cadre de la fenêtre. Jamais il ne se serait attendu de voir ce qu'il vit à l'intérieur : un géant. Immense, comme seuls les géants peuvent l'être.

Pendant que le géant prenait son souper, Ti-Jean se faufila, toujours sous forme de fourmi, dans l'autre partie du château. Il lui fallut beaucoup de temps pour traverser ainsi toute la grande salle où se trouvait le géant. Arrivé de l'autre côté des grandes portes, ce qu'il vit le surprit encore davantage. Cette pièce ne comportait ni fenêtres, ni portes, sauf celle qui menait vers la pièce du géant. Et au beau milieu de cette pièce, il y avait là, étendue sur un grand sofa, une belle princesse qui avait l'air très malheureux. Ti-Jean vit que ce n'était pas la princesse du grand château blanc, mais il s'imagina qu'elle pourrait être celle qui avait été enlevée par des malfaiteurs. Ti-Jean pensa qu'il valait mieux rester ainsi déguisé en fourmi, afin de voir ce qui allait se passer.

Lorsque le géant eut terminé son repas, il entra dans la chambre de la princesse en faisant trembler tout le château. Ti-Jean l'entendit dire :

— Princesse, pour la centième fois, je te le demande : épouse-moi et je te donnerai ta liberté.

— Non! répondit la princesse. Jamais!

Et le géant retourna dans sa chambre en maugréant contre son sort. Quelques instants plus tard, Ti-Jean se changea de nouveau en homme et se présenta devant la princesse pour l'interroger. Lorsque celle-ci l'aperçut, elle sursauta et poussa un grand cri. Le géant arriva en courant, faisant de nouveau trembler tout le château. Ti-Jean dut vite redevenir fourmi et se cacher entre les lattes du plancher.

— Qu'est-ce qu'il y a, belle princesse? demanda-t-il. Avez-vous mal quelque part?

— Non, ce n'est rien, dit la princesse qui ne

LE GRAND CHÂTEAU BLANC   139

voulait surtout pas dire au géant ce qu'elle venait de voir.

Le lendemain soir, à la même heure, le géant entra de nouveau dans la chambre de la princesse et lui demanda encore une fois de l'épouser. Mais la réponse de la princesse n'avait pas changé. Lorsque le géant fut sorti, Ti-Jean redevint lui-même et se présenta de nouveau devant la princesse. Cette fois-ci, elle ne poussa pas de cri, mais demanda presque tout bas, d'un air inquiet :

– Êtes-vous un homme de terre ou un homme de ciel?

– Je suis un homme de terre, répondit Ti-Jean, et j'aurais quelques questions à vous poser.

C'est ainsi que Ti-Jean apprit que la princesse était bel et bien celle qui avait été enlevée par les malfaiteurs. Il lui parla de son père, qu'il venait de voir, et du fait qu'il avait conclu un marché avec lui pour la délivrer.

– Alors, il faut que vous m'aidiez, lui dit-il, si vous voulez être libérée de l'emprise du géant.

– Mais comment? insista-t-elle. C'est impossible. Je me suis déjà résignée à finir mes jours avec cet abominable géant.

– Mais il ne faut pas abandonner, belle

princesse. Je ne vous demande qu'une chose. Pour le reste, je m'en occupe.

– Qu'est-ce que vous voulez me demander?

– Demain, après-demain, et encore après, le géant va revenir vous voir pour vous demander en mariage. Il va falloir lui dire que vous acceptez de l'épouser dans un mois s'il vous dévoile le principe de sa force et de sa vie.

– Ah non! jamais je n'accepterai de l'épouser, rétorqua la princesse, exacerbée.

– Mais ma chère princesse, continua Ti-Jean à voix basse, j'ai besoin de savoir cela pour vous débarrasser du géant. Et s'il vous donne cette information-là, ne vous inquiétez pas : je vous en débarrasserai en moins d'un mois.

– D'accord! dit-elle sans conviction. Mais je serais bien étonnée qu'il en parle.

– Peut-être pas du premier coup, répondit Ti-Jean. Mais s'il tient à vous, il finira par céder.

Le lendemain soir, le géant entra de nouveau dans la chambre de la princesse et lui demanda encore une fois de l'épouser. Cette fois, la princesse ne lui donna pas un non catégorique.

– Peut-être, dit-elle. Mais j'ai mes conditions.

– Quelles conditions? répéta le géant, tout joyeux.

– J'accepte de vous épouser dans un mois, si vous me dites où se cache chez vous le principe de la vie, et à quoi il tient.

– Ah! Mais vous n'y pensez pas, belle princesse! Et si vous me trahissez, comment ferai-je pour vivre, après?

– Moi, vous trahir? Jamais! répliqua avec fermeté la princesse. Et en plus de ça, qui pourrait venir ici? Nous sommes au sommet d'une montagne pratiquement inaccessible, et toutes les portes du château sont fermées à clef.

Le géant dut concéder qu'elle avait raison. Il n'aimait vraiment pas l'idée de lui parler de cela, mais... il la trouvait si belle, et il avait si hâte qu'elle fût sa femme, qu'il céda.

– Dans la grande forêt du plateau, à l'ouest du château, dit-il, il y a sept troupes de lions. Dans la première troupe se trouve le lion le plus robuste de l'univers. À l'intérieur de ce lion, il y a un pigeon, et dans ce pigeon, il y a un œuf. Cet œuf comporte le principe de la vie gigantesque qu'il y a en moi. Quiconque me casserait cet œuf sur la tête me tuerait.

– C'est bien ce que je voulais savoir, dit la princesse. Maintenant, allez-vous-en. Mais sachez que je garderai ma promesse. Dans un mois, nous nous marierons.

Elle avait envie d'ajouter : «Si vous êtes encore vivant!...» Mais elle se tut, afin de ne pas éveiller ses soupçons. Après le départ du géant, Ti-Jean redevint homme pour laisser savoir à la princesse qu'il avait tout entendu et qu'il allait essayer de rapporter cet œuf qui se trouvait dans le ventre du pigeon qui, lui, se trouvait dans le ventre du lion.

Ti-Jean se retransforma alors en fourmi pour sortir du château, puis en aigle pour se rendre dans la grande forêt du plateau de l'ouest. Il dut la survoler plusieurs fois, en long et en large, avant de localiser les sept troupes de lions. Il atterrit alors non loin de la première troupe et sortit la vibrisse de sa poche afin de devenir le lion le plus fort de la terre. C'est alors qu'il s'avança pour provoquer le grand lion qui trônait sur la troupe. Il réussit ainsi à l'attirer dans un fourré de broussailles, et la bataille commença.

À cet instant même, le géant se sentit mal et commença à avoir des convulsions. Il appela la princesse en lui disant :

– Vous m'avez trahi! Vous m'avez trahi!

– Mais non! Calmez-vous, dit-elle. N'importe qui peut être malade. C'est dans la nature humaine.

En même temps qu'elle disait cela, elle se rendit compte qu'il n'était pas un homme, mais un monstre : un géant qui ne cessait de hurler, comme un animal blessé.

Pendant ce temps, la bataille faisait rage dans le fourré. Une bataille entre le lion le plus fort de la terre et le lion le plus robuste de l'univers. Le combat fut long et particulièrement sanglant. Mais au bout de trois heures, Ti-Jean finit par assommer son adversaire. Il se transforma alors en homme, sortit son canif et fendit le ventre du lion. Aussitôt, un pigeon en sortit et s'envola, sans que Ti-Jean eût la chance de l'attraper. Il se transforma alors vite en aigle et se mit à poursuivre le pigeon.

Au bout d'une heure, il finit par le rattraper. Il le ramena à terre, se transforma en homme, sortit son canif et fendit le ventre du pigeon. Effectivement, il y avait là un bel œuf que Ti-Jean prit soin de ne pas briser. Il se transforma alors de nouveau en aigle et partit pour le château en tenant l'œuf entre ses pattes.

Entre temps, le géant était devenu de plus en plus malade. Il était couché par terre, tremblant et gémissant dans son délire :

— Ah! ma petite vipère! cria-t-il à la princesse. Si j'avais su cela, je t'aurais mangée depuis longtemps.

Quand la princesse, qui se trouvait dans la chambre du géant, vit arriver Ti-Jean, un œuf à la main, elle savait que la bataille était gagnée. Elle ouvrit la porte et accueillit Ti-Jean à bras ouverts. Ti-Jean se dirigea vers le géant, l'œuf à la main. Le géant ouvrit les yeux et secoua la tête.

— Regarde bien cet œuf! lui cria Ti-Jean. Maintenant, il faut que tu paies pour tes rapts de princesses à travers tout le pays.

— Non! Non! Non! fit le géant en grimaçant.

Mais Ti-Jean ne l'écoutait pas. Il se dirigea droit vers sa tête et lui cassa l'œuf sur le front. Le géant n'eut qu'un petit frémissement et il mourut. La princesse se mit alors à crier, à sauter et à danser de joie. Jamais elle n'avait vraiment cru qu'elle pourrait un jour être libérée des pattes de cet affreux monstre.

— Maintenant, il va falloir sortir d'ici, dit-elle; cela ne sera pas simple.

— Mais ce n'est pas impossible, si vous voulez bien me suivre.

— Comment ça? reprit-elle.

— Si vous voulez bien monter sur mon dos, lorsque je me serai transformé en aigle.

— Ça, jamais! ajouta-t-elle. J'aurais bien trop peur de tomber.

Mais comme ils n'étaient ni l'un ni l'autre des

géants, ils se rendirent bien vite compte qu'ils n'arriveraient jamais à descendre au pied de la montagne autrement. Alors, la princesse finit par accepter l'offre de Ti-Jean. D'abord, il trouvait sa partenaire lourde et il avait un peu de difficulté à manœuvrer ses ailes. Mais comme il n'avait pas énormément d'effort à faire, puisque tout le trajet s'effectuait en descendant, il s'habitua.

– Oh! que c'est beau! dit la princesse. Je voudrais plus souvent voir le monde d'en haut. Ça donne une autre vision des choses.

Une heure plus tard, l'aigle se posait dans la cour du château, la princesse sur le dos. Ti-Jean se dépêcha de se transformer en homme, avant que le roi ne pût le voir. Ce jour-là fut une vraie fête pour tous les habitants du château. Le roi, la reine, le jeune prince, les employés, tout le monde vint voir et embrasser la princesse. Le roi convoqua tout le village à un grand festin qui dura plusieurs jours. Au beau milieu de la fête, le roi s'approcha de Ti-Jean et lui dit :

– Merci encore une fois de m'avoir ramené mon enfant chérie. Je te dois tout. Et comme je te l'ai dit, si tu veux avoir ma fille en mariage, et si elle y consent, je te la donne, avec la moitié de mon royaume. Une promesse est une promesse.

– Merci beaucoup de votre générosité et de votre confiance, répliqua Ti-Jean. Mais je ne pense pas que ma place soit ici.

En fait, il pensait toujours à la belle princesse du grand château blanc, qui était encore prisonnière par sa faute. Il se sentait coupable et mal à l'aise. C'est elle qu'il aurait voulu épouser. Il alla donc dire au revoir à la reine, à la princesse, au roi et à tous les invités, puis il repartit vers le village.

TI-JEAN-LE-FORT

Ti-Jean vivait seul avec ses parents, à la campagne, où il cultivait la terre. Il avait été nourri au sein de sa mère jusqu'à l'âge de sept ans. Avant cet âge-là, il n'avait mangé ni viande, ni pain, ni légumes; sa seule nourriture avait été le lait de sa mère. Ce régime lui avait donné une force extraordinaire. À huit ans, il pouvait porter deux sacs pleins de patates sur ses épaules. À dix ans, il était devenu plus fort que son père. À quinze ans, il défrichait les champs en déracinant les souches de ses mains nues, des souches que même les chevaux n'arrivaient pas à arracher.

Le jour de ses vingt ans, il dit à son père et à sa mère :

– Maintenant, vous avez une grande ferme, bien défrichée, qui produit suffisamment; vous n'avez donc pas nécessairement besoin de moi. J'aimerais m'en aller gagner ma vie.

Cette déclaration ne surprit pas ses parents. Depuis des mois déjà, ils le voyaient porter son regard, durant de longues heures, vers l'horizon; et il n'avait plus le même enthousiasme au travail. Sa mère lui répondit alors :

– Tu vas nous manquer. Mais ta vie t'appartient. Nous n'avons pas le droit de te retenir.

Quelques jours plus tard, Ti-Jean partait, un sac de nourriture sur le dos, à la recherche d'un travail et d'une vie meilleure. Au bout de quelques jours de marche, il aperçut une grande ferme au sommet d'une colline, un domaine qui avait l'air d'un établissement royal, avec un château et des dépendances. Il pensa que peut-être il y trouverait du travail. Il s'aventura jusqu'à la barrière du château, où se trouvaient deux chiens qui se mirent à aboyer. Un homme en habit de ferme marcha jusqu'à la barrière et demanda à Ti-Jean ce qu'il voulait.

– Je cherche du travail, répondit-il. Vous n'auriez pas quelque chose à m'offrir?

– On n'a pas vraiment besoin d'ouvriers en ce moment, dit l'homme. Mais je vais quand même aller demander au roi.

Quelques instants plus tard, l'homme revint à la barrière en disant :

– Le roi veut vous voir. Suivez-moi.

Le roi n'était pas jeune. Grand et maigre, il avait l'air un peu sévère, mais pas autant que la reine qui se tenait toujours à ses côtés. Il regarda Ti-Jean en disant :

— Tu n'es pas gros. Es-tu sûr d'être capable de travailler dans une ferme?

— Je n'ai fait que ça toute ma vie, répondit Ti-Jean.

— C'est bon, dit le roi. Je t'engage pour un mois. Tu commenceras demain matin. Prends la journée d'aujourd'hui pour t'installer et pour voir ce qui se passe autour de la ferme et du château.

Ti-Jean était bien content. Travailler pour un roi avait toujours été son désir le plus cher. Le roi lui fit rencontrer les autres ouvriers, de même que sa fille, la princesse, que Ti-Jean trouva fort belle.

Le lendemain matin, le roi vint le chercher pour l'amener dans la partie de la grange qu'il appelait l'aire de battage. Il dit alors à Ti-Jean :

— Le gros du travail qui a besoin d'être fait en ce moment, c'est le battage du grain. Tout ce que nous avons pour faire ce travail, c'est ce vieux fléau.

— Vous n'en avez pas de plus gros? demanda Ti-Jean.

— Non, répondit le roi, c'est tout ce que nous avons. Mais pour commencer, ça devrait te suffire.

Lorsque le roi fut parti, Ti-Jean regarda tristement ces deux bouts de bois liés par des lanières de cuir et dont un était recouvert d'une espèce d'étoffe grise. Il pensa : «Je ne pourrai jamais rien faire avec cela, c'est beaucoup trop petit.» Mais il se mit quand même à l'œuvre. Et, comme il le craignait, le fléau se cassa en deux au bout de deux ou trois coups.

Ti-Jean ne savait plus quoi faire. Il craignait surtout la réaction du roi. Il se ferait réprimander, il en était sûr. Il fallait vite qu'il trouvât une solution. En cherchant derrière la grange, il aperçut deux grands mâts de goélette. Ils étaient immenses. Il se demanda à quoi ils pouvaient bien servir, puisque le roi ne semblait pas avoir de bateau. Il pensa : «Aussi bien que ça serve à quelque chose. Je vais les prendre pour me faire un fléau.»

Il entra les deux mâts dans l'aire de battage, chercha du cuir pour les lier ensemble ainsi que du tissu pour recouvrir l'un des deux. En voyant des vaches dans le clos derrière la grange, il se dit en lui-même : «Une peau de vache, voilà qui serait parfait pour ce grand fléau.» Il pénétra dans l'enclos, amena une vache par les cornes près de la grange, la tua d'un coup de poing sur la tête et lui enleva la peau. Il coupa la peau en deux, en ficela une moitié autour d'un des mâts et se fit des lanières de cuir avec l'autre moitié pour attacher les deux mâts l'un à l'autre. Le fléau était prêt à fonctionner.

Ti-Jean se mit à battre le grain à grands coups avec son fléau sans regarder autour de lui. Le fléau était si grand qu'il frappait chaque fois le toit de la grange. Le battage du grain se faisait vite, et en un rien de temps, Ti-Jean avait rempli quelques tonneaux de blé.

Mais tout à coup, en regardant par la fenêtre, la reine vit des planches du toit de la grange s'envoler. Elle appela le roi, qui partit en courant voir ce qui se passait dans la grange. En approchant, il entendit un bruit d'enfer, comme si on était en train de démolir la grange à coups de masse. En entrant dans l'aire, il aperçut Ti-Jean en train de battre le grain à grands coups de perche.

– Qu'est-ce qui se passe? cria-t-il. Qu'est-ce que c'est que cette machine-là?

– C'est un fléau que j'ai construit, répondit Ti-Jean. L'autre était vraiment trop petit. Il s'est cassé du premier coup.

– Mais arrête-toi! ordonna le roi. Tu es en train de détruire la grange!

– Ah! pardon! dit Ti-Jean. Je ne m'en étais pas rendu compte. Mais vous m'aviez commandé de battre le grain et je voulais le faire le plus vite possible.

– C'est beau, dit le roi, mais si je n'ai plus de grange, nous ne serons pas plus avancés.

Abandonne ce travail et va aider les autres ouvriers dans le champ.

Le roi retourna au château et dit à la reine que c'était Ti-Jean, le nouvel employé, qui était en train de détruire la grange avec un grand fléau qu'il avait construit.

— Il est trop fort! répétait-il. Il est trop fort! Et je ne peux pas le renvoyer puisque j'ai signé un contrat selon lequel je l'engageais pour un mois.

— J'ai une idée, dit la reine. Tu te rappelles m'avoir raconté qu'il y avait une drôle de bête dans le grand bois, derrière le clos; une bête immense, avec un nez long et pointu comme une épée?

— Oui, je m'en souviens, acquiesça le roi. Et alors?

— Eh bien, tu emmèneras Ti-Jean à la chasse avec toi, et tu lui diras que s'il voit cette bête, il doit essayer de la tuer, car elle ravage les champs. Et que s'il arrivait à la tuer, il pourrait partager avec toi les bénéfices de la vente. Mais il y a toutes les chances pour que ce soit lui qui se fasse tuer par la bête.

— Bonne idée, dit le roi. Demain, je l'emmènerai à la chasse.

Le lendemain matin, il faisait beau soleil. Le

roi se dit que c'était une journée idéale pour la chasse, qu'il allait laisser Ti-Jean à lui-même dans le bois et que lui irait chasser quelques lièvres. Il alla voir Ti-Jean et lui raconta l'histoire de la bête étrange qui fréquentait son terrain boisé. Le roi dit :

– Tu vas venir à la chasse avec moi, et si nous arrivons à tuer cette bête, nous partagerons les profits de la vente. Le seul problème, c'est que je n'ai qu'un cheval de chasse. Tu devras donc marcher.

– Il n'y a pas de problème, répondit Ti-Jean, tout heureux de pouvoir accompagner le roi. Je vous suivrai à pied.

Et les deux hommes se dirigèrent vers le bois : le roi sur son cheval, Ti-Jean à pied derrière lui. Une fois dans le bois, le roi dit à Ti-Jean :

– Maintenant, tu vas aller d'un côté, et moi, de l'autre. Et le premier qui voit la bête appelle l'autre.

– D'accord, dit Ti-Jean.

Pendant que Ti-Jean s'en allait, le roi se dit que la reine avait eu une bonne idée; il ne craignait rien, puisqu'il était à cheval. Mais Ti-Jean pourrait difficilement s'en sortir vivant.

Quand Ti-Jean déboucha sur la grande clairière, il aperçut la bête. Elle était, en effet, immense. Il n'avait jamais vu une aussi grosse bête de sa vie. «Une géante!» pensa-t-il. Il se dit qu'il valait mieux qu'il essayât de la tuer avant d'appeler le roi, qui pourrait l'effrayer. Il n'avait pas terminé sa pensée qu'il vit la bête venir vers lui à toute allure. Ti-Jean se mit à courir aussi, et la bête le suivit, saut pour saut derrière lui. Lorsqu'il sentit qu'elle était tout proche de lui, il fit un grand saut pour se cacher derrière un gros merisier. La bête, ne pouvant plus arrêter son élan, fonça droit sur le merisier et planta son grand nez pointu comme une épée directement dans l'arbre. La pauvre bête était prise, la tête véritablement soudée au merisier. C'est alors que Ti-Jean l'assomma de quelques coups de bâton et appela le roi.

Quand le roi arriva sur les lieux, il n'en crut pas ses yeux. Comment une si grosse bête avait-elle pu être tuée par un si petit gars? Il n'arrivait pas à comprendre. Il n'avait pas d'autre choix que de féliciter Ti-Jean.

– Bravo! répéta-t-il. Maintenant, laissons la bête ici, et nous reviendrons la chercher plus tard avec des chevaux, un treuil et une plateforme, afin de l'emmener en ville pour la vendre au musée.

Lorsque le roi raconta son histoire à la reine, elle n'était pas du tout contente. Mais il n'y avait rien à faire, Ti-Jean était toujours vivant. La bête était morte, et elle allait leur rapporter beaucoup d'argent.

Entre temps, Ti-Jean s'était beaucoup intéressé à la princesse et la princesse à lui. À mesure que les jours passaient, les deux amoureux trouvaient le moyen de se rencontrer seuls, dans des endroits de plus en plus bizarres. D'abord dans le verger, ensuite dans des coins sombres du château, et maintenant, derrière la grange. La reine n'était pas contente de voir sa fille fréquenter ce petit garçon de rien du tout. Elle cherchait encore le moyen de s'en débarrasser. Un jour, elle dit au roi :

– Il faut que ça finisse, cette histoire entre Ti-Jean et notre fille. Je veux qu'il parte d'ici.

– Mais je ne peux pas le renvoyer, rétorqua le roi. J'ai signé un contrat. Et en plus, comme il est très fort, il peut nous être utile.

Le roi n'était plus tellement opposé à Ti-Jean. Bien au contraire. Avec le temps, il en était venu à admirer sa force. Il cherchait donc plutôt à le protéger qu'à le détruire. Mais il avait également peur de mécontenter sa femme.

– Qu'as-tu en tête? lui demanda-t-il, sans conviction.

– On pourrait l'envoyer au moulin du diable! proposa-t-elle.

– Au moulin du diable! s'exclama le roi. Mais il n'en reviendra jamais!

– Justement! dit-elle.

Le moulin du diable était situé à plusieurs lieues du château. Son meunier avait la réputation de pouvoir moudre rapidement le grain. On trouvait des chariots pleins de farine sur la route quelques heures seulement après qu'ils eurent été apportés au moulin. Le problème, c'est que personne n'était jamais revenu de ce moulin. C'est pour cela qu'on l'avait appelé le moulin du diable. La reine continuait de parler.

– Pour l'attirer, nous lui dirons que s'il nous rapporte lui-même sa charge de farine, il aura la princesse en mariage.

– La princesse en mariage? rétorqua le roi.

– Mais oui! Tu sais bien que personne n'en est revenu. Pourquoi, lui, il en reviendrait?

Le roi avait des hésitations. Il savait que c'était là une mission dangereuse. Mais il pouvait difficilement s'opposer aux vœux de la reine. Et après tout, il y avait peut-être une chance que Ti-Jean revînt vivant.

– D'accord! dit-il. J'accepte, et je vais lui en parler dès demain.

Le lendemain matin, il appela Ti-Jean pour

lui demander s'il accepterait d'aller faire moudre du grain au moulin.

– Tu sais, le grain que tu as battu il y a quelque temps en défaisant ma grange..., il faudrait maintenant le porter au moulin pour en faire de la farine.

– Pas de problème, répondit Ti-Jean. J'irai quand vous voudrez.

– Mais il y a un problème, répliqua timidement le roi. C'est que ce moulin se trouve à cent lieues d'ici, et qu'il est géré par un meunier bizarre dont on dit qu'il est le diable en personne.

– Comment cela? interrogea Ti-Jean.

– Eh bien, il paraît que son moulin marche tout seul et qu'il moud très vite le grain. Mais personne n'en est jamais revenu pour le confirmer. On trouve les tonneaux pleins de farine, mais on ne trouve jamais les hommes qui les ont apportés là.

– Et vous voulez que j'aille là pour me livrer aux mains du diable, s'écria Ti-Jean, mécontent.

– Je sais que la mission est dangereuse, répliqua le roi. C'est pour cela que je t'offre une récompense. Si tu réussis, nous sommes d'accord, la reine et moi, pour te donner la princesse en mariage. Et en plus, je vous offre, à tous les deux, de vous installer ici, si vous le voulez.

Ti-Jean fut fort surpris de la générosité du roi. Jamais il ne se serait attendu à cela. Il pensait même que le roi, et surtout la reine, étaient très hostiles à sa relation avec la princesse. Il voyait là une occasion de montrer à cette famille royale ce dont il était capable et de mériter ainsi la main de la princesse.

– D'accord! J'accepte! dit-il rapidement. Qu'on me charge le wagon de blé, qu'on m'indique le chemin, et j'irai, moi, voir ce qui se passe dans ce moulin.

Deux jours plus tard, tout était prêt pour le grand départ. On avait rempli dix grands tonneaux de blé que l'on avait chargés sur une plate-forme tirée par deux chevaux. Le roi lui avait donné de l'argent pour payer le meunier et lui avait préparé une carte avec l'indication de la route à suivre pour arriver au moulin. Il avait calculé qu'il y serait en moins de trois jours. Ti-Jean pensa : «Trois jours pour y aller, trois jours pour revenir, et une journée pour faire moudre le grain. Sept jours pour mériter la princesse, c'est une bonne affaire. Mais encore, faut-il que je réussisse mon coup!»

Ti-Jean dit au revoir à tout le monde, s'installa sur la banquette du wagon et prit la route du soleil levant. Après avoir parcouru quelques lieues, il aperçut un village. Il décida de s'y rendre, même s'il devait faire un détour pour y arriver. Il entra dans le magasin général et acheta d'abord un fouet. Après, il commanda du papier, une plume et de l'encre. Il paya tout en pièces d'argent, s'informa où était le presbytère, puis il se rendit chez le curé.

– Monsieur le curé, dit-il, je voudrais que vous me bénissiez ce fouet-là.

– Vous bénir ce fouet? Mais non, jamais! déclara le curé. Vous voulez vous servir d'un fouet bénit pour battre ces pauvres chevaux sans avoir mauvaise conscience. Jamais je n'accepterai de faire ça.

– Mais non! s'écria Ti-Jean. C'est pour battre le diable.

– Comment cela? interrogea le curé.

Et Ti-Jean lui raconta son histoire. Le curé y crut et il bénit bien volontiers le fouet que lui présentait Ti-Jean, d'autant plus volontiers qu'il avait déjà entendu parler de ce moulin du diable. Il s'estimait donc chanceux de pouvoir peut-être contribuer à détruire ce personnage démoniaque.

Ti-Jean le remercia et reprit sa route. Comme prévu, au bout de trois jours, il arriva au moulin. Un petit homme, tout souriant, se tenait debout devant la porte du moulin, comme s'il l'avait attendu.

— Alors, tu viens faire moudre ton grain? demanda-t-il à Ti-Jean.

— C'est cela! répondit-il. J'en ai dix tonneaux à faire moudre.

— Pas de problème! répliqua le petit homme. Monte sur la passerelle avec tes chevaux, pour que nous versions le blé dans le moulin. Après, tu descendras ici pour ramasser la farine.

Ti-Jean fit ce que le petit homme lui avait expliqué et le moulin se mit en marche. Il trouvait le petit homme gentil et aimable. «Ça ne se peut quasiment pas que ce soit un démon», pensa-t-il. Le moulin marchait à toute allure et la farine sortait tellement vite qu'il arrivait à peine à la mettre dans les tonneaux. Normalement, les moulins marchaient à l'eau. Mais, à celui-ci, Ti-Jean ne voyait ni rivière, ni même de ruisseau.

— À quoi marche ton moulin? demanda-t-il au petit homme.

— À l'énergie planétaire, répondit-il en riant.

Ti-Jean n'avait jamais entendu parler d'énergie planétaire. Il commença donc à se méfier de ce petit homme. Mais il voulut en savoir plus long.

— C'est quoi, l'énergie planétaire? cria-t-il dans le brouhaha du moulin qui tournait et tournait de plus en plus vite.

— C'est l'énergie qui vient du ciel! affirma le petit homme en riant. Le soleil a fait pousser ton grain. Pourquoi les planètes ne feraient-elles pas marcher cette machine?

Ti-Jean ne savait pas quoi répondre. Pour lui, les machines marchaient à l'eau, ou avec des manivelles que l'on actionnait à la main. Rien d'autre. Il trouvait ce petit homme de plus en plus bizarre. Au bout de deux heures, les dix tonneaux étaient pleins de farine. Lorsque le moulin fut vide, il s'arrêta de lui-même, comme par enchantement.

— Voilà! dit le petit homme. Puisque tu as bien travaillé, et que tu viens de faire un long voyage, tu peux bien t'arrêter pour prendre un verre et jouer une partie de cartes. Et si tu gagnes la partie, ajouta-t-il, tu pourras repartir sans payer. Mais si moi je gagne, il va falloir que tu fasses ce que je te demanderai.

Ti-Jean était de plus en plus méfiant, mais poussé par la curiosité, il accepta de le suivre. Avant d'entrer dans la maison, il s'assura qu'il avait avec lui son fouet bénit. Le petit homme lui servit un verre de tisane aux herbes, comme il disait, et il sortit un paquet de cartes. Sa maison était petite et sombre. Ti-Jean voyait à peine les cartes.

— Tu ne bois pas ta tisane? demanda le petit homme.

– Non, répondit Ti-Jean. Je n'ai pas soif. J'ai trop avalé de farine.

En fait, il avait très soif, mais il ne voulait pas courir le risque de boire ce jus brunâtre qui avait l'air infect.

Il fit un saut en voyant les bonnes cartes qu'il avait dans ses mains. Déjà, il se voyait arriver au château non seulement avec des tonneaux pleins de farine, mais aussi avec l'argent du blé qu'il n'aurait pas eu à débourser. Et ce serait la fête, puisqu'il pourrait en plus épouser la princesse. Ti-Jean gagna les deux premières parties, mais il perdit la troisième, puis la quatrième. Il ne comprenait d'ailleurs pas pourquoi. Comment se pouvait-il que le petit homme eût d'aussi bonnes mains? Il devait tricher. À la cinquième main, il devint évident que Ti-Jean perdait la partie.

– Ha! ha! ha! dit le petit homme. Il va falloir que tu me paies ta farine. Et que tu me paies cher en plus.

– Comment cela? interrogea Ti-Jean.

– Un pari, c'est un pari, répondit le petit homme. Tu as accepté de faire ce que je te demanderais si tu perdais. Et voilà, tu as perdu. Alors, tu vas commencer par danser. Après, on verra.

— Pas du tout, répondit Ti-Jean. Tu as triché, j'en suis sûr, car c'était impossible d'avoir une meilleure main que moi.

— Ne fais pas de façons, Ti-Jean! s'esclaffa le petit homme. Accepte ta défaite et puis danse!

Ti-Jean se préparait à s'en aller lorsque le petit homme sortit un fouet et commença à lui fouetter les pieds pour le faire danser. Mais Ti-Jean sauta de côté, sortit lui aussi son fouet, et la bataille des fouets commença. C'était une bataille effrayante. Sanglante même. Au bout de dix minutes, les deux saignaient de partout.

— Oui, dit Ti-Jean, je crois maintenant ce que les gens disent : tu es un démon. Mais je te vaincrai et je débarrasserai le pays de la vermine que tu es.

— C'est ce que tu penses! cria le petit homme, qui lui lança un coup de fouet si fort qu'il le fit chanceler. Oui, je suis le diable en personne; et j'en suis fier.

À ces mots, Ti-Jean redoubla de rage. «Allons, fouet bénit, se dit-il. Si tu as du pouvoir en toi, aide-moi à vaincre ce personnage odieux et maléfique.» À partir de ce moment-là, Ti-Jean sentit monter en lui une force qu'il n'avait pas connue jusque-là. Le diable n'arrivait plus à le toucher, tandis que lui, il continuait à le fouetter. Il le voyait devenir de plus en plus faible.

Soudain, il donna un grand coup et le fouet s'enroula autour du cou du diable, comme pour l'étouffer. Le diable se roulait par terre en le suppliant d'arrêter.

– Non, dit Ti-Jean. Je ne m'arrêterai pas tant que tu ne m'auras pas donné ton moulin et promis, par écrit, de ne plus jamais faire de mal à personne.

– Mais je n'ai pas de papier, cria-t-il en râlant.

– Ne t'inquiète pas pour ça, répliqua Ti-Jean. J'ai ce qu'il faut.

Et il sortit le papier, l'encre et la plume qu'il avait achetés en route.

– Voilà! dit Ti-Jean. Maintenant, écris : «Je donne mon moulin à Ti-Jean et à ses descendants; et je promets, sur mon honneur, de ne plus jamais faire de mal aux gens de la région.»

Le diable écrivit ce que Ti-Jean lui dictait, puis il data et signa sa lettre. Ti-Jean avait mal partout, mais il jubilait. Non seulement il avait obtenu ce qu'il voulait, mais il avait, du même coup, rendu un grand service à la communauté.

– Maintenant, dit-il au diable, tu vas m'aider à sortir le moulin du bâtiment et à le charger sur la plate-forme. Il faut que je l'emporte chez le roi.

Le diable fit ce que Ti-Jean lui demandait, sans dire un mot. Pour la première fois de sa vie peut-être, il avait été vaincu par un être humain et il n'aimait pas cela. Ti-Jean entassa ses tonneaux de farine sur le moulin et il prit le chemin du retour.

Trois jours plus tard, le roi fut tout surpris de le voir monter la côte du château, et avec une pareille charge en plus. Il ne comprenait plus rien. Alors, Ti-Jean lui expliqua ce qui s'était passé. Le roi lui demanda d'aller vite voir la princesse, car celle-ci était au bord de la mort. Elle avait appris entre temps que ses parents avaient envoyé Ti-Jean au moulin du diable pour qu'il allât à sa mort, et elle n'avait pas pu supporter cette idée. Ti-Jean eut beau lui expliquer qu'il était de retour, qu'il avait vaincu le diable, elle n'entendait plus rien.

– Il faut aller chercher un médecin! s'écria Ti-Jean.

– Il en est déjà venu deux, répondit le roi. Ils disent qu'ils ne peuvent rien faire. Elle est dans une sorte de coma et elle ne peut plus rien comprendre.

Toute la nuit, le roi, la reine, Ti-Jean et les domestiques essayèrent par tous les moyens de la réveiller. Ils organisèrent une grande fête autour d'elle, refaisant tous les bruits qui lui étaient familiers, afin de lui faire reprendre conscience de la réalité. Mais plus la nuit avançait, plus elle semblait s'enfoncer dans la mort. Finalement, Ti-Jean dit :

– Laissez-moi seul avec elle. Je vais tenter une dernière fois de la ramener à la vie.

Lorsque tout le monde fut parti, il s'assit sur le lit et se mit à lui raconter des histoires. Des histoires folles. L'histoire d'une grosse bête avec un long nez pointu comme une épée; l'histoire d'un moulin qui marchait tout seul et qui était géré par le diable; et l'histoire de deux jeunes amoureux, une princesse et un paysan, qui se cachaient sous les arbres ou derrière la grange pour s'embrasser. Mais la princesse ne se réveillait pas davantage. Elle avait renoncé à la vie et était partie pour un long voyage.

Le lendemain matin, on trouva Ti-Jean en pleurs couché de tout son long à côté de la princesse. Elle était plus belle que jamais, mais elle ne respirait plus. Ce fut la grande désolation dans le château. On avait mis les drapeaux noirs aux mâts, et tous les gens des alentours vinrent rendre un dernier hommage à la princesse.

Après l'enterrement, Ti-Jean dit au roi :

– Puisque la femme que j'aimais n'est plus ici, je ne vois pas pourquoi je resterais au château plus longtemps.

— Je te comprends, répliqua le roi. Nous n'avons pas voulu ce malheur.

— Mais vous l'avez provoqué, rétorqua Ti-Jean sur un ton de reproche.

Le roi ne dit rien. Il connaissait sa faute et il la regrettait. Mais il était trop tard.

LA TÊTE D'OR

Il était une fois, dans un village lointain, un homme âgé qui vivait seul avec son fils depuis la mort de sa femme. Le vieil homme n'avait jamais beaucoup aimé son fils et, depuis qu'il était seul avec lui, il l'aimait encore moins. Constamment de mauvaise humeur, le vieil homme maltraitait son fils et le réprimandait continuellement, car rien de ce qu'il faisait, à son avis, n'était bien.

Un bon jour, son fils se dit : «J'en ai assez de cette vie de chien. Je vais m'en aller vivre ailleurs.» Le soir même, il se prépara un sac de nourriture; au milieu de la nuit, il se faufila sans faire de bruit hors de la maison et prit le chemin du levant. Il marcha pendant deux pleines journées sur un sentier qui le conduisit directement au grand bois. Arrivé à la lisière de la forêt, il vit que trois chemins différents s'enfonçaient dans le bois. Ne sachant lequel prendre, il se dit : «Qui choisit prend pire.» Alors, il ferma les yeux, pivota sur lui-même plusieurs fois, puis marcha droit devant lui. Après s'être frappé contre un arbre, il rouvrit les yeux et prit le chemin qui se trouvait à côté.

Il continua à marcher pendant trois jours et à manger du mieux qu'il put en grignotant les petits fruits qu'il cueillait dans les bois et en complétant avec la nourriture qu'il avait apportée. Le quatrième soir, trouvant l'herbe trop humide pour se coucher par terre, il grimpa dans un arbre pour voir s'il n'apercevrait pas une clairière quelque part. Mais quelle ne fut pas sa surprise d'entrevoir, à travers les branches, une lumière qui provenait d'une maison. Il repéra bien la direction, descendit de l'arbre et, au lieu de se coucher, se dirigea droit dans la direction où il avait vu la lumière. Il marcha encore pendant toute la nuit, et à l'aube, il se trouva devant la cour d'une maison assez grande pour être un château, mais qui n'en avait pas les apparences.

Tout était silencieux autour de cette maison : pas un bruit, pas une personne qui travaillait ou qui guettait. Ti-Jean s'approcha doucement de l'entrée et cogna plusieurs fois à la porte. Personne ne répondait. Tout à coup, il entendit une grosse voix, qui ressemblait à un râle, dire :

– Qui va là?

– Je m'appelle Ti-Jean, répondit-il. Je me suis égaré dans cette forêt et j'aurais besoin d'aide pour en sortir.

La voix ne répondit pas. Il y eut un silence, et quelques instants plus tard, Ti-Jean entendit la lourde porte grincer en s'ouvrant. Il vit alors un vieil homme vêtu d'un long manteau de velours rouge, qui portait une couronne sur la tête. «C'est un roi, c'est certain!» se dit Ti-Jean en examinant l'accoutrement de l'homme. D'ailleurs, l'intérieur de la maison, contrairement à l'extérieur, confirmait qu'il s'agissait d'un roi. Les murs étaient agrémentés de nombreux miroirs, des lustres pendaient un peu partout du plafond et le plancher était couvert de tapis à n'en plus finir. Le vieux roi ne disait rien. Il fit asseoir Ti-Jean et finit par lui demander ce qu'il cherchait. Alors, Ti-Jean lui raconta son histoire.

– Je suis parti de chez moi il y a quelques jours pour chercher du travail, parce que mon père me maltraitait. Et je me suis perdu dans la forêt.

– Peux-tu soigner des chevaux? lui demanda le roi.

– Bien sûr, répondit Ti-Jean. J'ai fait ça toute ma vie.

– Alors, si cela t'intéresse, dit le roi, je peux te donner du travail.

– Mais oui, cela m'intéresse, répliqua Ti-Jean. Et je suis prêt à commencer tout de suite.

Le roi lui demanda de le suivre, et il l'emmena à l'écurie. Il lui montra deux chevaux : un cheval noir et un cheval blanc.

– Ton travail, dit-il, sera de t'occuper de ces deux chevaux. Au cheval noir, tu donneras du foin et de l'avoine, tu l'étrilleras tous les jours, puis tu lui caresseras le cou, le dos et la croupe chaque fois que tu passeras à côté de lui. Quant au cheval blanc, tu ne lui donneras que de la paille, car il ne faut pas qu'il mange trop; et tu le battras au lieu de le caresser.

– C'est bon, dit Ti-Jean. J'ai tout compris, et je vais m'en occuper.

Ti-Jean trouvait un peu bizarres ces deux traitements si différents, mais il se dit : «Qu'importe, puisque je suis engagé pour faire ce travail-là, c'est ce que je vais faire.» En sortant de l'écurie, le roi le présenta à d'autres ouvriers qui travaillaient dans la grange, ainsi qu'à des domestiques qui s'occupaient de la maison. Puis, il guida Ti-Jean dans un petit chemin obscur qui menait au château. Il lui montra sa chambre et lui fit visiter le château. Le troisième étage comportait un long corridor sur lequel donnait une seule porte, tout au fond du couloir. Le roi lui dit :

– Cette porte-là t'est interdite, comme à tous les autres employés de mon domaine. Si jamais tu entres là, tu peux craindre pour ta vie.

– D'accord! acquiesça Ti-Jean. D'ailleurs, il y a assez de pièces à voir dans le château, je n'ai pas besoin de voir celle-là.

Pendant toute cette journée-là, Ti-Jean s'occupa activement des deux chevaux. Le soir venu, tout le monde se rendit à la grande salle du château pour prendre le repas en commun. Les autres ouvriers et domestiques regardaient Ti-Jean avec des rires étouffés. Il crut les entendre dire : «Il ne sait pas ce qui l'attend.» À la fin du repas, le roi se leva et dit :

– Mes chers sujets, j'ai une annonce à vous faire. Demain, je dois partir en voyage pour une semaine. Alors, je vous demande, à tous, de bien vous occuper de mes propriétés pendant mon absence.

Avant de partir, il dit à Ti-Jean, qui l'aidait à monter sur son cheval brun :

– N'oublie pas de bien t'occuper de mes deux chevaux, comme je te l'ai demandé, et de ne jamais ouvrir la porte de la chambre du troisième étage.

– N'ayez crainte, répliqua Ti-Jean. Je ferai à la lettre tout ce que vous m'avez ordonné de faire.

Pendant l'absence du roi, Ti-Jean s'occupait bien des chevaux. Il donnait du foin et de l'avoine au cheval noir, il l'étrillait tous les jours et le caressait; mais au cheval blanc, il ne donnait que de la paille mélangée d'un peu de foin, et il lui lançait de petites tapes de temps à autre, surtout lorsque les domestiques ou les ouvriers étaient autour. Il ne supportait pas l'idée de le battre.

Cependant, le troisième étage du château l'intriguait. Que pouvait-il bien y avoir de si précieux dans cette pièce pour qu'on en interdît l'accès à tout le monde? Afin d'éviter de succomber à la tentation, il prit la décision de ne plus monter au troisième étage. Mais le soin des deux chevaux ne l'occupait pas beaucoup. Il trouvait le temps long. Au bout de trois ou quatre jours, il connaissait tout du château, sauf le troisième étage.

Le septième jour, la veille du retour du roi, Ti-Jean ne pouvait plus se contenir. «Si je veux savoir ce qu'il y a dans cette pièce, se dit-il, c'est maintenant ou jamais. Lorsque le roi sera de retour, je n'oserai pas.» Il s'avança jusqu'à la porte. Mais la décision de l'ouvrir était difficile à prendre. «Tu peux craindre pour ta vie», avait dit le roi. Cela voulait dire la mort. «Si j'entre et si j'en meurs, à quoi cela m'aura-t-il servi de savoir ce que contient cette pièce?» Il hésitait toujours, la main sur la poignée, lorsqu'il se dit : «Mourir maintenant ou mourir plus tard, puisqu'il faut mourir de toute façon, qu'importe!

Allons-y!» Et il ouvrit la porte avec un grand fracas.

Sa surprise fut grande lorsqu'il vit que cette pièce n'était pas tellement différente des autres pièces du château. Elle possédait, elle aussi, des miroirs aux murs, des chandeliers un peu partout, des tapis persans, des fleurs... La seule chose qu'elle contenait en plus, c'était une fontaine au centre. Une fontaine d'où s'échappait une eau incroyablement claire. Ti-Jean pensa qu'il avait été dupé par le roi, que celui-ci lui avait tout simplement défendu l'accès de cette pièce pour éprouver sa volonté. Il mit son petit doigt dans la fontaine. L'eau était étonnamment douce et agréable au toucher. Il eut tout à coup envie de se laver la tête dans cette eau veloutée et invitante. Il se mit la tête dans la fontaine en l'agitant. C'était tellement rafraîchissant qu'il n'avait pas du tout envie d'en sortir.

En relevant la tête du bassin de la fontaine, il se secoua comme un chien qui sort de l'eau. Il vit alors des gouttelettes d'or tomber sur le plancher. Il ne pouvait pas comprendre d'où ces perles dorées pouvaient venir. Il s'avança vers un des murs qui était couvert de miroirs et soudain, il s'arrêta net. Ses cheveux s'étaient transformés en paillettes d'or. L'admiration fit aussitôt place à l'inquiétude. «Que vais-je faire maintenant?» se demanda-t-il. Cet or ne veut pas s'enlever. Le roi va savoir que je lui ai désobéi.» Non seulement ses cheveux étaient en or, mais son petit doigt l'était également. Il se sentait de plus en plus malheureux.

Il retourna vite à sa chambre et se mit à se frotter vigoureusement la tête avec une serviette. Il se frotta même la tête contre un mur de pierre. Mais rien à faire. Plus il frottait, plus l'or brillait. Il était découragé. Il pensa tout à coup à son sac en peau de phoque qu'il avait pris en partant de chez lui pour emporter sa nourriture. «Si je le coupais à moitié, se dit-il, il pourrait me servir de perruque!» Aussitôt dit, aussitôt fait. Il prit son canif et découpa son petit sac jusqu'à ce qu'il eût l'air d'une perruque. Alors, il ramassa ses cheveux d'or sur sa tête et enfila la perruque. Il n'était plus tellement reconnaissable, mais à son avis, il n'avait pas trop mauvaise mine. Il chercha alors un petit bout de coton pour envelopper son doigt. Ainsi, il pourrait faire semblant de s'être coupé.

Toujours un peu abattu, mais néanmoins un peu plus courageux, il marcha d'un pas décidé vers la grange afin de s'occuper des chevaux. Il donna du foin au cheval noir, lui caressa le dos; il s'apprêtait à donner de la paille au cheval blanc lorsqu'il entendit :

— Pourquoi me fais-tu cela, Ti-Jean? Je ne suis qu'un cheval qui a été puni, comme tu vas l'être, parce que j'ai désobéi au roi.

– Comment? dit Ti-Jean qui n'en croyait pas ses oreilles. Tu es un cheval qui parle?

– Mais oui, je parle, répondit-il. Je sais tout, je vois tout, j'entends tout, j'ai certains pouvoirs, mais je ne peux pas tout faire. Et toi, tu as l'air d'un imbécile avec cette perruque. Le roi va sûrement te châtier, peut-être même te tuer.

– Je ne le sais que trop! soupira Ti-Jean. Qu'est-ce que je pourrais bien faire maintenant? As-tu des idées?

– Oui, bien sûr, j'ai des idées. Il n'y a qu'une solution, en fait; c'est de t'en aller. Mais le roi, qui sera bientôt de retour, va sûrement te rattraper. Alors, la meilleure solution, c'est que l'on parte tous les deux. Détache-moi, mets-moi ma plus belle selle, et on partira ensemble.

– En effet, dit Ti-Jean, je crois qu'il n'y a pas d'autre solution.

Ti-Jean retourna à sa chambre chercher ses affaires, puis il entra de nouveau dans l'écurie sans être vu. Le cheval était là, qui l'attendait. Il dit à Ti-Jean :

– Il ne faudrait pas seulement que tu apportes tes affaires, mais les miennes aussi. J'aimerais que tu apportes mon étrille (qui est encore neuve, car tu ne t'en es pas servi), un pain de campagne, une bouteille d'eau et un petit sac d'avoine. Avec cela, je pourrai te mener hors de ce pays.

Ti-Jean s'excusa de ne l'avoir pas étrillé plus souvent, mais il voulait suivre les ordres du roi. Le cheval lui dit de se dépêcher, que ce n'était pas le moment de s'excuser. Alors, il ramassa ce que le cheval avait demandé, mit tous ces effets dans un sac, plaça la selle sur le cheval, le détacha, puis les deux sortirent de l'écurie sans être vus et se mirent en route.

Deux heures plus tard, le roi arriva au château. Il était revenu un peu plus tôt que prévu. Lorsqu'il monta dans sa chambre, il se rendit tout de suite compte que Ti-Jean était entré dans la chambre secrète. Il se dit : «Je vais le faire périr, celui-là!» Et il appela un domestique.

– Va vite me chercher Ti-Jean! dit-il.

Le domestique alla voir dans la chambre de Ti-Jean, mais il ne trouva personne. Il courut à l'écurie et se rendit compte que le cheval blanc n'était pas là lui non plus. Alors, il se précipita chez le roi pour lui faire part de ce qu'il venait d'observer. Le roi était furieux.

– Selle mon cheval noir, dit-il. Je vais vite le rattraper, vous allez voir!

Et voilà que le roi partit à la course pour rattraper Ti-Jean et son cheval blanc.

Le cheval blanc sentait bien que quelque chose se passait, mais il n'était pas sûr de ce que c'était. Chose certaine, il courait aussi vite qu'il le pouvait, car il avait peur lui aussi. Si le roi les rattrapait, ce serait certainement leur mort, à tous les deux. Quelques minutes plus tard, Ti-Jean dit à son coursier blanc :

– Je crois que j'entends un cheval qui nous suit.

Le cheval blanc ne dit rien. Il accéléra tout simplement son trot. Mais, bientôt, le bruit qui les suivait devint de plus en plus fort, comme un troupeau d'animaux courant dans la plaine : Tac-à-toc, tac-à-toc, tac-à-toc, de plus en plus fort, de plus en plus fort.

– Jette le pain derrière toi, ordonna le cheval.

Ti-Jean fit ce que le cheval lui demandait. Il jeta le pain et fut tout surpris de voir une montagne de pains s'élever derrière eux. «Fantastique! pensa-t-il. Ce cheval a des pouvoirs incroyables!»

– Ça devrait le ralentir pour un bout de temps, articula le cheval. Avec cela, on pourra peut-être arriver au pays voisin.

Mais la montagne n'était pas assez grosse pour arrêter le roi et son cheval noir. Pendant un moment, on n'entendit rien, puis tout à coup, le même bruit recommença : Tac-à-toc, tac-à-toc, tac-à-toc.

— Je crois qu'ils s'approchent de nouveau, déclara Ti-Jean.

— Alors, jette la bouteille d'eau, ordonna le cheval.

Ti-Jean jeta la bouteille d'eau, mais cette fois, il ne fut pas surpris de voir une montagne de bouteilles s'élever derrière eux. Il se mit à rire.

— Cette fois-ci, dit-il, ils ne traverseront pas cet amoncellement de verre.

— Ne ris pas trop vite, Ti-Jean, dit le cheval.

En effet, ils n'avaient pas fait plus de cinq ou six lieues qu'ils entendirent à nouveau derrière eux les sabots du cheval noir battre la terre. Tac-à-toc, tac-à-toc, tac-à-toc.

— Ah non! dit le cheval blanc qui commençait à se sentir bien fatigué. Pas encore? As-tu emporté l'étrille?

— Oui, répondit Ti-Jean.

— Alors jette, l'étrille derrière toi.

Encore une fois, Ti-Jean vit une montagne d'étrilles s'élever derrière eux.

— Sûrement, ils ne passeront jamais à travers cet amas de fer, dit Ti-Jean.

— Attendons d'être sortis de ce pays avant de nous réjouir, Ti-Jean, conseilla le cheval, prudent. Hélas, je ne pourrai plus aller bien loin. Le peu de foin que tu me donnais ne m'a pas procuré tellement de forces. Mais, ajouta-t-il comme pour se reprendre, c'était quand même mieux que seulement de la paille.

Pendant un bon bout de temps, ils n'entendirent plus rien derrière eux. Le cheval blanc avait ralenti considérablement son pas. Il pensait bien que, cette fois-ci, son rival noir et le roi ne traverseraient pas facilement une telle montagne de fer. Ti-Jean aussi était certain de les avoir semés. Mais ils se trompaient tous les deux, car bientôt on entendit de nouveau ce bruit devenu familier : Tac-à-toc, tac-à-toc, tac-à-toc.

– Qu'est-ce qu'on va faire? demanda Ti-Jean. Il ne me reste plus qu'un petit sac d'avoine, et tu en auras besoin.

– Tant pis, je m'en passerai, dit le cheval. Jette l'avoine.

Ti-Jean obéit aux ordres du cheval et il vit bientôt un grand champ d'avoine pousser derrière eux, à mesure qu'ils avançaient. Les tiges étaient si hautes qu'elles dépassaient la hauteur d'un cheval. «Cela devrait encore les ralentir, pensa Ti-Jean. Mais après?... Je n'ai plus rien.»

– Est-ce qu'on approche? demanda Ti-Jean.

– On approche, répondit le cheval, qui ne parvenait presque plus à courir. C'est là, de l'autre côté.

En effet, ils arrivèrent à une rivière. Le cheval blanc s'arrêta, mit les pieds dans l'eau, prit quelques bonnes gorgées d'eau pour se désaltérer et traversa la rivière à la nage. Lorsqu'ils sortirent de l'eau, ils purent voir le roi sur son cheval noir de l'autre côté de la rivière. Il avait le poing en l'air comme pour dire : «Je vous aurai un jour!»

– On n'a plus rien à craindre, dit le cheval. Nous sommes sur un autre territoire. Il n'a pas le droit de venir ici.

Ti-Jean descendit du cheval qui, lui, se coucha par terre pour se reposer de cette course folle, ce à quoi il n'était plus habitué.

– J'ai faim, dit le cheval.

– Je sais, dit Ti-Jean. Moi aussi. Mais il ne nous reste rien. Lorsque nous serons reposés, nous irons voir si nous pouvons trouver quelque chose à manger quelque part.

Une heure plus tard, les deux compagnons prirent un petit sentier dans le bois, face à l'endroit où ils étaient arrivés. Maintenant, le cheval n'avait plus besoin de courir. Ils marchèrent pendant près de trois heures. Ils arrivèrent alors à une petite ferme, en bordure de la route. Ti-Jean entra pour dire qu'il cherchait du travail.

– On n'a besoin de personne en ce moment, répondit le fermier.

– Nous sommes affamés, expliqua Ti-Jean. Vous n'auriez pas un peu d'avoine pour mon cheval et une bouchée de pain pour moi?

– Bien sûr, répondit le fermier. Mène ton cheval à la grange et on lui donnera à manger. Vous pouvez même coucher ici ce soir, si vous voulez.

– Ce n'est pas de refus! dit Ti-Jean. Surtout que nous venons de faire un très long voyage.

Durant la soirée, Ti-Jean raconta une partie de leur histoire au fermier qui, en retour, lui montra le chemin à suivre pour se rendre au château de l'autre roi, le propriétaire du territoire où ils se trouvaient. Le lendemain matin, Ti-Jean monta sur son cheval et ils reprirent la route pour se rendre chez le roi. Arrivé au château, Ti-Jean dit :

– Je vais aller voir s'ils ont besoin de quelqu'un.

– Vas-y, mais fais attention, dit le cheval. Il ne faut pas leur dire ce qui nous est arrivé. Ils ont peut-être un traité d'alliance avec le vieux roi, et ils pourraient nous dénoncer.

– Ne t'inquiète pas, dit Ti-Jean. Je ferai attention.

Ti-Jean frappa à la porte du château et un domestique vint ouvrir. Ti-Jean lui dit qu'il cherchait du travail, et le domestique alla voir le roi. Lorsqu'il revint, il lui dit d'entrer et il le conduisit dans la grande pièce où se trouvaient d'autres domestiques, en plus du roi et de la princesse, sa fille.

– Alors, tu cherches du travail? demanda le roi.

– Oui, répondit Ti-Jean. Je suis nouveau dans le pays et je suis prêt à faire n'importe quel genre de travail.

Ti-Jean s'aperçut que les domestiques riaient de lui. C'est alors qu'il se rendit compte qu'il avait une perruque de phoque sur la tête et qu'il devait en effet être plutôt drôle à voir.

– Mais tu n'es pas bien gros, reprit le roi. Peut-être que l'on pourrait t'utiliser dans le jardin. En as-tu besoin pour tes fleurs? demanda-t-il à la princesse.

– Oui, mon père! répondit celle-ci. Il pourrait s'occuper des roses, des clématites et des dahlias.

– J'ai un petit problème cependant, avoua Ti-Jean. J'ai un cheval avec moi. Mais il ne prend pas beaucoup de place. Il se trouvera bien dans l'enclos, si vous permettez que je le laisse là.

– Mais non, il n'y a pas de problème, dit le roi. On le mettra dans l'écurie avec les autres chevaux. Ma fille te montrera le chemin, et elle t'expliquera ce qu'il y a à faire.

Il suivit la princesse, qui l'emmena, avec son cheval, à l'écurie. Après, elle lui montra son jardin de fleurs. Un jardin immense. Il contenait toutes sortes de fleurs, de toutes les couleurs. Elle lui désigna les roses, les clématites et les dahlias dont il devait s'occuper, et elle lui dit :

– Les autres fleurs, tu n'y toucheras pas. Il y a d'autres domestiques pour s'en occuper.

Pendant quelques semaines, ce fut le paradis. Ti-Jean était heureux. Il pouvait s'occuper de son cheval blanc autant qu'il le voulait, les fleurs poussaient à merveille, et la princesse venait souvent lui parler, surtout dans le jardin, pour admirer le soin qu'il apportait à ses fleurs. Cependant, il trouvait que les autres domestiques étaient paresseux. Ils ne s'occupaient pas de leur travail. Et bientôt, il put déceler chez eux une sorte d'envie. Ils étaient jaloux du fait que les fleurs de Ti-Jean poussaient mieux que les leurs et que la princesse était attentive à ses moindres besoins. Ils avaient surtout peur qu'elle finît par les renvoyer. Ils commencèrent alors à maltraiter Ti-Jean en lui donnant des coups de pied et en riant de lui. Ti-Jean racontait tout à son cheval qui l'encourageait à ne pas se révolter.

– Endure, disait-il, endure. Maintenant que tu as une bonne place et que le roi et la princesse sont contents de toi, il ne faut pas risquer de tout perdre.

Cependant, les affaires allaient mal dans le pays voisin, le Royaume du Nord. Un beau jour, afin d'agrandir son territoire pour payer ses dettes, le roi de ce pays déclara la guerre au roi du pays où se trouvait Ti-Jean. Ce fut le branle-bas général dans le château, puisque le roi devait se préparer à aller faire la guerre. Le jour suivant, le roi décida de réunir tout le monde qui gravitait autour du château pour prendre les dispositions nécessaires en temps de guerre. Il fit venir les généraux, les officiers, les domestiques, les ouvriers, et il leur dit :

– Le pays est en guerre. Je dois partir avec mon armée pour livrer bataille aux malfaiteurs qui nous assaillent. Vous, les domestiques et les ouvriers, vous devez vous occuper du château et de la terre comme si de rien n'était. C'est la princesse qui donnera les ordres à ma place, et personne ne doit se rendre compte que je suis absent. Vous, les généraux et les officiers, vous devez rassembler vos soldats pour le grand départ, demain matin à l'aube.

Le départ pour la guerre donna lieu à de grandes manifestations au château. Les soldats avaient des trompettes, des tambours, des drapeaux, des bannières; et l'armée entière se mit en branle dans un charivari incroyable. Une fois la bataille commencée, le roi envoyait un messager au château tous les deux jours pour donner des nouvelles de la progression des hostilités.

Mais entre temps, au château, les problèmes de jalousie continuaient en empirant. Ti-Jean était devenu le souffre-douleur de tout le monde, sauf de la princesse. Non seulement on le rouait de coups, mais à table, on lui volait même sa nourriture. La princesse, se rendant compte qu'il maigrissait, lui apportait à manger à sa chambre, ce qui ne fit qu'activer davantage la jalousie des autres domestiques.

– C'est rendu au point qu'elle ne s'occupe plus que de lui, disaient-ils. Il faut qu'on se débarrasse de cet homme-là. Et c'est le bon moment, maintenant que le roi est absent.

Mais le cheval blanc avait tout entendu ce que disaient les domestiques et il savait en plus ce qui se passait sur le champ de bataille. Car le messager ne disait pas tout à la princesse.

– Écoute, Ti-Jean, dit le cheval. Les domestiques veulent te tuer. Il va falloir que l'on fasse quelque chose. D'autant plus que ça ne va pas bien au front. Le roi est en train de perdre la bataille; et si la princesse l'apprend, elle sera tellement inquiète qu'elle ne s'occupera plus de toi. Mais je ne vois pas encore exactement ce qu'il faudrait faire. Pour l'instant, fais attention.

Un bon jour, un des officiers déserta l'armée pour revenir au château sous prétexte qu'il était malade. En fait, c'était parce qu'il ne voulait pas se battre, de peur de se faire tuer, car il voulait épouser la princesse afin d'obtenir le royaume de son père. La princesse appela plusieurs médecins à son chevet, mais personne ne put comprendre ce qu'il avait. Un jour, la princesse lui demanda :

– Mais qu'est-ce que tu as exactement? Pourquoi dis-tu que tu es si malade, alors que les médecins ne trouvent rien?

– Eh bien, voilà! dit-il. J'hésitais à te le dire, mais Ti-Jean a essayé de m'empoisonner pour m'empêcher d'aller me battre à la guerre. Il veut la perte du royaume de ton père.

– Ti-Jean! rétorqua la princesse. Mais je ne peux pas y croire.

– C'est pourtant vrai, assura l'officier. Il veut que ton père perde la guerre et qu'on lui prenne son royaume.

La princesse retourna dans sa chambre, un

peu confuse. Elle ne pouvait s'imaginer que Ti-Jean, si vaillant, pût vouloir du mal à son père. Cela ne lui paraissait guère logique.

Pendant ce temps, le cheval blanc, qui savait tout ce qui se passait et qui s'inquiétait de plus en plus pour Ti-Jean, finit par lui dire :

– Écoute, Ti-Jean. On ne peut pas laisser cette situation durer plus longtemps. Il faut agir, et vite. Voici ce que je te propose. Cette nuit, tu vas aller voler le beau costume militaire vert de l'officier soi-disant malade, tu vas le mettre, et nous allons partir à la guerre tous les deux.

– D'accord, dit Ti-Jean, qui avait une grande confiance en son cheval blanc. On se reverra au milieu de la nuit.

Cependant, le roi avait été averti des supposés mauvais agissements de Ti-Jean et il avait décidé de revenir au château. Lorsqu'il arriva, tard dans la nuit, il rencontra Ti-Jean dans le corridor du château.

– Où vas-tu ainsi au milieu de la nuit? demanda-t-il.

– Euh... J'allais manger quelque chose, répondit Ti-Jean.

– Retourne à ta chambre, ordonna le roi. Et ne bouge pas de là cette nuit. J'ai à te parler demain matin.

Ti-Jean se sentit bien mal pris. Comment pouvait-il faire pour avertir son cheval? Pas question de sortir et de se faire découvrir. Alors, il attendit, sachant que le cheval apprendrait bien la nouvelle le lendemain de la bouche des domestiques.

Le lendemain matin, le roi fit venir Ti-Jean dans son bureau et lui dit :

– Je suis revenu pour être le juge dans cette affaire. On m'a dit que tu avais essayé d'empoisonner un de mes officiers. Est-ce que tu avoues ta faute?

– Jamais de la vie! répondit Ti-Jean. Je n'ai pas essayé d'empoisonner qui que ce soit et je n'ai pas l'intention de le faire.

– As-tu des preuves? demanda le roi.

– Je n'ai pas d'autres preuves que ma parole, rétorqua Ti-Jean.

Sur ces entrefaites, un soldat entra dans le bureau du roi en lui apportant un message de la bataille. Le roi lut le message, resta songeur pendant un instant, puis regarda Ti-Jean.

– Il faut que je retourne vite au front, dit-il. Je jugerai ton cas une autre fois. En attendant, je dois t'enfermer dans le cachot.

– Mais je n'ai rien fait! insista Ti-Jean.

– Nous verrons cela plus tard, marmotta le roi en s'en allant.

Ti-Jean se laissa docilement enfermer dans la sombre prison du château : une petite pièce humide au fin fond de la cave où seule une étroite ouverture tout en haut lui permettait de respirer et de distinguer le jour de la nuit. Les domestiques étaient contents de leur coup. Chaque fois qu'ils passaient devant la petite fenêtre, ils lui criaient des sottises.

Au bout d'une semaine, il entendit, un soir, une voix qui l'appelait derrière la porte. Il reconnut aussitôt la voix de la princesse. Il cria :

– Que se passe-t-il? Le roi est-il de retour?

– Non, répondit-elle, mais je suis venue te parler.

– Vous ne pourriez pas me laisser sortir d'ici? supplia-t-il. Je n'ai rien fait.

– Je n'en doute pas, Ti-Jean, répondit-elle. J'ai confiance en toi. Mais je n'ai aucun pouvoir sur la justice. C'est le domaine de mon père.

Devant la déception de Ti-Jean, elle ajouta :

– Mais ce que je peux faire, c'est de te laisser sortir la nuit pendant une heure ou deux, à condition que tu rentres de nouveau tout de suite après. Car autrement, mon père va me renier et me déshériter.

– Je promets, princesse, de vous obéir, toujours et en tout temps.

Ti-Jean était bien content de pouvoir sortir un peu de ce lieu malsain et surtout d'aller voir son cheval. Tous les soirs, lorsque les domestiques étaient couchés ou jouaient aux cartes, la princesse venait en cachette libérer Ti-Jean, et deux heures plus tard, elle venait refermer la porte. Ti-Jean était toujours là avant elle. Cela lui donnait encore davantage la preuve qu'il était innocent. Un beau soir, dès qu'il entra dans l'écurie, le cheval lui dit :

– Ti-Jean, ce soir, on n'a plus le choix. Ça va très très mal au front. Va vite chercher l'habit militaire de l'officier malade, et on part.

Ti-Jean n'eut pas de mal à trouver l'habit vert de l'officier. Il retourna à l'écurie, s'habilla, sella son cheval et ils partirent.

– Enlève ta perruque, dit le cheval. Nous avancerons plus vite.

Ils allaient si vite qu'en un rien de temps, ils arrivèrent au champ de bataille. En passant à côté de l'armée, ils entendirent le roi dire à ses officiers, sur un ton découragé :

– Si l'un de vous peut remporter la victoire, je lui lègue tous mes biens.

Ti-Jean et son cheval passèrent comme un

coup de vent. Personne ne put les reconnaître. Tout ce qu'ils virent, c'était un militaire en habit vert, coiffé de cheveux d'or et monté sur un cheval blanc. Ti-Jean et son cheval se battirent avec acharnement. Ti-Jean faisait aller son épée comme un moulin à vent, et tous les soldats de l'armée ennemie tombaient comme des mouches, les uns après les autres. Lorsque plus aucun soldat ne fut visible, Ti-Jean s'arrêta devant le général en chef qui gisait par terre, lui enleva son habit, mit cet habit dans un sac et repartit en vitesse vers le château.

– Maintenant, change-toi, dit le cheval. Prends tes vieux habits et ta perruque, puis retourne dans ton cachot.

Ti-Jean rentra dans son cachot, et quelques instants plus tard, il entendit la princesse fermer la porte à clef.

Au petit matin, on aperçut le roi et son armée revenir en chantant. «Victoire! criaient-ils. Victoire! Nous avons gagné la bataille.» Le roi appela les domestiques et il leur dit :

– Ce soir, nous allons fêter notre victoire! Allez chercher tout ce qu'il faut pour préparer un grand festin.

Bien des gens se demandaient quel était l'officier qui avait réussi un pareil exploit. Le roi, surtout, estimait qu'il avait le droit de savoir, puisqu'il avait promis son royaume à quiconque lui assurerait la victoire.

Durant la journée, tout le monde travailla à la préparation de la fête dans l'excitation générale. On fit cuire des lièvres et des poulets, et rôtir des agneaux à la broche. Lorsque toute cette petite société eut commencé à boire et à manger, le roi se leva pour faire un discours. Il remercia d'abord ses fidèles domestiques d'avoir si bien gardé le château, et ses militaires de s'être si bien battus.

– Si nous avons pu gagner, dit-il à la fin, c'est grâce à un de nos officiers qui s'est battu comme un démon pour nous mener à la victoire. Comme j'avais promis mon royaume en échange de cette victoire, j'aimerais savoir lequel d'entre vous a réalisé une pareille performance.

Lorsque l'officier soi-disant malade entendit cela, il ne put se retenir. Vêtu de son habit militaire vert, il se leva et proclama :

– C'est moi, Sire le roi!

– Je suis bien heureux, dit le roi, de savoir enfin qui a fait ce beau travail. Félicitations. Mais... au fait, il me semblait que vous étiez bien malade.

– Oui, c'est vrai, j'ai été très malade. Mais tout à coup, je me suis senti mieux et j'ai fait un grand effort pour aller vous aider, car je ne pouvais vous voir perdre votre royaume.

– C'est très honorable de votre part, dit le roi. Venez donc vous asseoir à mes côtés pour qu'on vous rende hommage.

L'officier alla s'asseoir d'un côté du roi, tandis que la princesse était assise de l'autre côté. Tout le monde le pressait de questions, afin de savoir comment il avait pu réussir à vaincre l'ennemi en si peu de temps. L'officier avait des réponses à toutes les questions qu'on lui posait.

– Je ne savais pas que vous aviez un cheval blanc, interrogea le roi.

– Je n'en ai pas, répondit l'officier. Mais il y en avait un dans l'écurie, et c'est celui-là que j'ai choisi de prendre.

– Au fait, dit la princesse, vous avez les cheveux châtains, à ce que je sache. On dit que l'officier qui a gagné la bataille avait les cheveux dorés. Comment est-ce possible?

– J'avais mis une perruque, belle princesse!

Mais la princesse n'était pas satisfaite de ces réponses. L'histoire des cheveux dorés et du cheval blanc la tracassait. Elle avait vu un jour Ti-Jean dans sa cellule en train de mettre une perruque pour sortir, et ses vrais cheveux étaient comme de l'or. Elle n'avait rien dit, pour ne pas compromettre les chances de Ti-Jean de sortir de cette prison. Tout à coup, elle dit à son père :

— Nous avons un domestique qui ne peut pas participer à cette fête de la victoire, puisqu'il est enfermé dans le cachot. Comme c'est un si grand jour pour nous, ne pourrait-on pas l'inviter à venir célébrer avec nous pendant quelques instants?

— Le petit malfaiteur qui a voulu m'empoisonner? protesta l'officier. Certainement pas! Les meurtriers n'ont rien à faire ici.

— L'officier a raison, ma fille.

— Père, reprit-elle sur un ton suppliant, c'est une faveur que je vous demande.

— Dans ce cas, c'est accepté, ma fille.

Et elle alla chercher Ti-Jean qui entra dans la salle en haillons, un sac à la main. Les domestiques rirent de lui, comme toujours, afin de le rabaisser aux yeux de la princesse qui s'en occupait trop, à leur goût. Ti-Jean s'assit au fond de la salle, alors que la princesse retourna prendre sa place à côté de son père. Puis, elle demanda au roi la permission de faire venir Ti-Jean devant eux car, disait-elle, elle avait quelques questions à lui poser. Le roi accepta.

— Viens donc ici, Ti-Jean, dit-elle.

Ti-Jean ne savait pas trop quoi faire. Il était un peu gêné, mais il ne voulait pas désobéir à la belle princesse, la seule personne qui avait des égards pour lui. Il s'avança donc timidement, alors que les domestiques continuaient à rire de lui. Lorsqu'il fut devant le roi, l'officier soi-disant malade et la princesse, celle-ci lui demanda :

– Enlève donc ta perruque, Ti-Jean.

La salle éclata de rire. Les gens se disaient : «C'est donc une perruque, ces poils de phoque qu'il a sur la tête?» Ti-Jean hésitait. «Que va-t-il m'arriver? pensa-t-il. Si je l'enlève, ils vont me reconnaître et peut-être me renvoyer chez le vieux roi.» Il n'avait plus son cheval blanc à côté de lui pour le conseiller.

– C'est un ordre! reprit la princesse.

Ti-Jean n'avait plus le choix. Il dut donc enlever sa perruque. Lorsque les gens virent cette tête dorée, un grand silence se fit dans la salle. Puis on entendit des chuchotements.

– Une vraie tête d'or! remarqua le roi. D'où viens-tu? demanda-t-il. Et comment se fait-il que tu aies une tête pareille?

– Je viens d'un pays voisin, répondit timidement Ti-Jean. Non pas celui du nord, que vous venez de combattre, mais celui du sud, dirigé par un autre méchant roi, auquel j'ai désobéi en entrant dans sa chambre secrète. Et voilà ce qui m'est arrivé.

– Ça ne serait pas toi, par hasard, qui serait venu combattre pour nous avec ton cheval blanc?

– Oui, c'est moi, confia Ti-Jean en rougissant.

– Et qu'est-ce que tu as dans ton sac? demanda le roi.

– La preuve, répliqua Ti-Jean.

Il ouvrit son sac et en sortit l'uniforme du général en chef de l'armée ennemie, décoré de médailles et de galons. À ce moment-là, on entendit un «Ah...!» général d'admiration venant de la salle. L'officier ne savait plus où se mettre. Il avait envie de s'enfuir, mais il n'osait pas. Il se dit : «Je vais tenter une dernière chose.»

– Mais, Sire mon roi, dit l'officier, ce domestique a-t-il des témoins pour affirmer que c'est lui plutôt que moi que vous avez vu? Il n'a pas d'habit de militaire, lui, à ma connaissance.

– Oui, des témoins! répéta le roi. Ce n'est sans doute pas une mauvaise idée.

– Bien sûr que j'ai un témoin, reprit Ti-Jean avec assurance. Attendez un instant.

Ti-Jean sortit du château, alla à l'écurie chercher son cheval blanc qu'il amena à la porte du grand salon.

– Le voilà, mon témoin, cria Ti-Jean.

Tout le monde se mit à rire. Un cheval comme témoin, on n'avait encore jamais vu ça. Le cheval donna un grand coup de patte par terre et se mit à parler.

– Oui, c'est nous qui avons défait l'ennemi, et j'en suis fier même si j'en garde de mauvais souvenirs. Regardez ces deux blessures, une à la patte avant et l'autre à la croupe, faites toutes les deux par une épée ennemie.

L'assistance était bouche bée. Un cheval qui parlait? Le roi ne savait plus quoi dire. Il était maintenant convaincu que Ti-Jean avait raison. La princesse était si contente qu'elle riait. Le roi dévisagea l'officier qui baissa la tête. Il ordonna à Ti-Jean de remettre son cheval à l'écurie et de venir à table. Personne ne bougea en attendant le retour de Ti-Jean.

– Je dois reconnaître, Ti-Jean, poursuivit le roi, que c'est bien toi et ton cheval, les grands guerriers qui ont remporté cette victoire. Par conséquent, non seulement je te lègue tous mes biens, mais je te fais général en chef de l'armée de ce royaume. Quant à toi, officier malveillant, qui as voulu nous tendre un piège et abuser de ma confiance, tu prendras la place de Ti-Jean dans le cachot du château jusqu'au jour de ton jugement. Et maintenant que la fête est finie, dit-il en terminant, que chacun reprenne son travail.

LA PRINCESSE PRISONNIÈRE

Dans un village lointain vivait une veuve, seule avec son fils, Ti-Jean. Ils étaient pauvres, et comme la famille n'avait pas beaucoup d'amis, le curé du village avait décidé de servir de parrain à Jean lors de son baptême.

Lorsque Ti-Jean eut quinze ans, le curé le fit venir au presbytère et lui dit :

– Ti-Jean, ta famille est pauvre, et tu ne sais que faire de ta vie. Si tu continues ainsi, tu finiras par devenir un vaurien.

– C'est vrai, avoua Ti-Jean. Je ne sais pas quoi faire de moi!

– Alors, si tu es consentant, ajoute le curé, nous allons partir en voyage. Je connais un endroit où se trouve un trésor caché. Si nous pouvons mettre la main sur ce trésor, tu pourras t'acheter une ferme et des animaux.

– Je consens, répondit Ti-Jean, les yeux grands ouverts d'étonnement. Quand partons-nous?

— Demain matin!

Ti-Jean retourna chez lui, raconta son histoire à sa mère, et ensemble, ils préparèrent un petit sac de nourriture et des vêtements de rechange.

Le lendemain matin, lorsque Ti-Jean arriva chez le curé, celui-ci l'accueillit avec deux chevaux prêts à partir.

— Prends le cheval rouge, dit le curé, et moi, je prendrai le noir. Et suis-moi.

Ils partirent ainsi sur la grande route. Ils galopèrent tout l'avant-midi, puis s'arrêtèrent pour manger aux abords d'une grande forêt. Après avoir bien mangé et bien bu, le curé dit à Ti-Jean :

— Maintenant, nous allons entrer dans le bois, et il ne faut plus qu'on se parle avant d'arriver sur le lieu des richesses.

— D'accord! dit Ti-Jean. Je ne dirai rien.

— Plus que ça, ajouta le curé, tu vas faire exactement tout ce que je ferai, sans poser de questions. D'accord?

— D'accord! répéta Ti-Jean. Je ne poserai aucune question.

Ainsi, ils continuèrent silencieusement leur chemin dans la forêt, pendant trois jours et trois nuits. Lorsque le curé s'arrêtait pour manger, Ti-Jean mangeait. Lorsque le curé s'arrêtait pour dormir, Ti-Jean se couchait par terre, comme lui, et il dormait.

Au bout du troisième jour, le soleil marquait plein midi lorsque les deux voyageurs arrivèrent devant un immense cap au bord de la mer. Le cap était coupé verticalement à 90 degrés, et il avait la hauteur d'un palais de vingt étages. Personne n'aurait pu l'escalader sans être doté de pouvoirs supérieurs.

Au même instant, une tempête se déclara. Le curé, suivi de Ti-Jean, se mit à l'abri dans une grotte, laissant leurs chevaux à l'extérieur. La tempête dégénéra en orage d'une force inouïe. Ils entendirent plusieurs violents coups de tonnerre, et la foudre tomba sur les chevaux, les tuant d'un seul coup.

Quand la tempête s'apaisa, le curé, suivi de Ti-Jean, sortit de la grotte. Lorsque le curé vit que les chevaux étaient morts, il sortit son couteau et se mit à leur enlever la peau. Ti-Jean fut surpris, mais comme il avait juré de répéter tous les gestes du curé, sans dire un mot, il fit ce que faisait son parrain.

Lorsque la peau des chevaux fut enlevée, ils prirent les deux peaux et les cousirent ensemble avec du fil que le curé avait dans ses bagages, de façon à former un immense sac. Ils enfilèrent une corde, dans un bout, pour fermer le sac, et ils le transportèrent jusqu'au pied du grand cap. Le curé se mit alors à parler.

– Maintenant que nous touchons au but, dit-il, je peux parler. Ce sac, encore tout chargé d'électricité, a le pouvoir de te transporter au sommet du cap et de t'en faire redescendre. Une fois sur le cap, tu marcheras une demi-lieue du côté du soleil couchant, et là, tu trouveras un trésor enfoui dans une caverne souterraine. Tu rempliras le sac d'or et d'argent, puis tu redescendras au pied du cap. Mais attention, une fois dans les airs, tu ne dois jamais lâcher le sac. Pour qu'il te transporte, tu dois rester bien couché dessus.

– Ne vous inquiétez pas, dit Ti-Jean, je ferai exactement ce que vous me demandez.

Ti-Jean se coucha sur le sac et, en un rien de temps, il fut transporté au sommet du cap. Il prit la direction du soleil couchant et arriva bientôt à une caverne creusée dans un rocher. Il déplaça alors la grosse pierre qui en barrait l'entrée. En entrant dans la caverne, il découvrit une quantité incroyable d'or et d'argent. Il eut beau remplir son grand sac, il en restait encore autant qu'avant. Il referma son sac plein, le traîna à l'extérieur et reboucha l'entrée de la caverne. Il se coucha sur le sac, mais celui-ci avait de la difficulté à voler, tant il était lourd. Ti-Jean pensa : «Je vais faire tout un plongeon en essayant de descendre du cap avec un poids pareil.»

Ainsi, lorsque Ti-Jean et son sac (qui volaient à quelques pieds seulement du sol) arrivèrent au bord du cap, Ti-Jean prit peur, et il sauta en bas du sac. Quand il se releva, il était trop tard pour regretter son geste. Le sac, rempli d'or et d'argent, avait continué son chemin, et se trouvait maintenant au pied du cap.

Lorsque le curé vit le sac arriver sans Ti-Jean, il ne savait plus quoi faire. «Moi, je ne peux pas remonter avec ce sac pour aller le chercher, pensa-t-il. Ça ne marchera pas. Je suis trop vieux et trop lourd.» Il regarda en l'air et vit apparaître un petit point noir au bord du cap. Ti-Jean essayait de lui faire comprendre ce qui s'était passé, mais la distance était trop grande; son parrain n'entendait rien.

Le curé jugea alors qu'il n'y avait plus rien à faire et il se mit à creuser un trou pour enterrer le trésor. Lorsque le travail fut terminé, il repartit vers son presbytère, laissant Ti-Jean à son sort.

Quand Ti-Jean se rendit compte de ce qui venait de se passer, il fut saisi de désespoir. Il savait qu'il ne pourrait jamais descendre seul de l'immense cap. Il retourna donc à la caverne aux trésors. Il entra de nouveau à l'intérieur, et examina l'or et l'argent. C'était impressionnant. Mais à quoi pouvait bien lui servir toute cette richesse s'il n'avait plus la possibilité de l'utiliser? Était-il seul sur cette falaise? Si tel était le cas, la fin pour lui n'était pas bien loin. Il marchait distraitement autour de la caverne, plongé dans ses pensées, lorsqu'il aperçut un petit sentier qui menait à un bosquet. «Il y a donc de la vie ici!» pensa-t-il.

Ti-Jean suivit ce petit sentier et se trouva bientôt en face d'une vieille cabane. Il frappa à la porte et une très vieille femme vint lui ouvrir. Elle était débraillée, elle avait de longues dents, et ses cheveux traînaient par terre. Pendant un instant, Ti-Jean crut qu'il était en face du diable.

– Bonjour, mon petit gars, dit-elle.

– Bonjour, grand-mère, répondit-il timidement.

– Dis-moi, continua-t-elle, quelle aventure t'amène ici? Il y a plus de cinquante ans que je n'ai pas vu d'êtres humains dans ces bois.

Ti-Jean lui expliqua ce qui lui était arrivé et il lui demanda si elle connaissait le moyen de descendre du cap.

– Il y a un moyen, répondit-elle. Mais je ne

peux pas te le dire, car je ne te connais pas assez bien pour te livrer un secret.

Dès lors, Ti-Jean tenta de se rendre utile à la vieille dame pour qu'elle le connût mieux. Il coupa du bois, alla cueillir pour elle de petits fruits dans la forêt et répara sa cabane. Au bout d'une semaine, il lui demanda de nouveau si elle ne pouvait pas lui confier le secret qui permettait de descendre du cap. Cette fois, elle accepta.

– Mais c'est très compliqué, ajouta-t-elle. Et en plus, je ne peux pas t'assurer que tu vas réussir.

– Je comprends, grand-mère, acquiesça Ti-Jean. Mais je veux absolument essayer. Car, de toute façon, je ne peux rien faire de bon ici.

– Voilà, dit la vieille dame. À trois lieues d'ici, du côté du soleil levant, tu verras un grand lac. Au beau milieu du lac, tu distingueras une croix. Cette croix marque l'emplacement d'un château et de toute une ville qui ont été engloutis au fond du lac, par punition. Trois princesses habitent ce château et, tous les matins, elles se transforment en colombes pour aller se baigner dans le lac. Dans l'air et dans l'eau, elles sont des colombes; mais dès qu'elles mettent le pied sur la terre, elles redeviennent des princesses. La plus jeune a des pouvoirs spéciaux. Elle seule peut t'aider. Tu la reconnaîtras parce qu'elle reste toujours à une certaine distance des deux autres. Les trois princesses déposent leurs vêtements au bord du lac pour aller se baigner. Lorsqu'elles seront dans l'eau, vole la robe de la plus jeune, et lorsqu'elle viendra pour la reprendre, tu lui demanderas de t'emmener au pied du cap en échange.

– Merci, grand-mère! s'exclama Ti-Jean. J'ai tout compris.

Le lendemain matin, dès que Ti-Jean vit apparaître le soleil à l'horizon, il se mit en marche. Au bout de deux ou trois heures, il arriva au lac. Comme il était encore tôt, il monta dans un grand arbre afin de pouvoir mieux observer le lac. Bientôt, il aperçut la croix qui pointait au beau milieu du lac. À peine l'avait-il aperçue qu'il vit trois colombes tournoyer autour et s'envoler vers le bord du lac, tout près de l'endroit où il était. Il les suivit des yeux pour savoir laquelle des trois était la plus jeune et voir où elle allait déposer ses vêtements.

Lorsqu'elles furent toutes les trois dans le lac, Ti-Jean alla prendre la robe de la plus jeune et retourna se cacher près du grand arbre. Au bout d'une heure et demie, les trois filles sortirent de l'eau pour se faire sécher et pour reprendre leurs vêtements.

– Mais où est passée ma robe? demanda la plus jeune. Je l'avais pourtant laissée ici, non loin des vôtres.

Elle se mit à chercher tout autour de l'endroit où elle l'avait laissée lorsque, soudain, elle aperçut Ti-Jean caché sous l'arbre. Il tenait sa robe dans ses mains.

– Ah! petit effronté! dit-elle. Donne-moi cette robe!

– Non! répondit Ti-Jean. Tu l'auras seulement lorsque tu m'auras fait descendre du grand cap, là-bas.

– Mais je ne peux pas, cria-t-elle. D'abord, tu es trop lourd pour la pauvre petite colombe que je serais obligée de devenir pour voler; et ensuite, je n'ai pas le temps. En effet, si nous ne sommes pas rentrées au bout de deux heures, notre père nous inflige de terribles punitions.

– Ah! ça, ce n'est pas mon problème, répliqua Ti-Jean. Moi, il faut absolument que je descende du cap. Je ne peux pas vivre ici, ce n'est pas ma place.

Les deux autres princesses partirent en disant qu'elles rentraient afin de ne pas être punies. La plus jeune resta seule avec Ti-Jean. Il la fit attendre jusqu'à ce que les deux heures fussent passées et qu'il fût certain qu'elle allait être punie de toute façon.

– Écoute! dit-il. Ton heure est passée. Tu vas être punie. Alors, aussi bien que tu prennes deux ou trois heures de plus pour me rendre service. Et qui sait, peut-être qu'un jour je pourrai aussi te rendre service!

– D'accord! dit-elle, enfin résignée.

Et les deux se mirent à marcher vers la falaise au bord du grand cap. Tout en marchant, la princesse raconta sa vie à Ti-Jean. La ville, le château et sa famille étaient tous prisonniers des eaux, et son père, le roi, l'enfermait souvent pour la punir, parce qu'elle avait plus de pouvoirs que les autres. Ti-Jean eut pitié de cette jeune fille et jura que s'il pouvait retourner chez lui, et récupérer l'or et l'argent qu'il avait laissé tomber, par sa faute, en bas du cap, il essayerait de revenir pour acheter sa liberté.

Lorsqu'ils arrivèrent enfin tout en haut de la falaise, au bord du grand cap, la princesse dit à Ti-Jean :

– Maintenant, monte sur mon dos, et on va sauter en bas du cap. Si tout se passe bien, je devrais alors me transformer en colombe et je tâcherai de trouver assez de forces pour te soutenir.

Cette fois-ci, Ti-Jean se dit qu'il ne se laisserait pas vaincre par la peur. Ils sautèrent donc tous les deux en bas du cap et, comme prévu, la belle princesse devint une colombe que Ti-Jean avait de la difficulté à retenir entre ses deux mains.

Lorsque Ti-Jean mit les pieds à terre, il se dit: «Si je veux l'aider, il ne faut pas que je la laisse redevenir princesse tout de suite. Autrement, je ne pourrai jamais remonter au sommet du cap.» Alors, il prit la colombe et il la fourra à l'intérieur de sa chemise. Ti-Jean la sentit se débattre pour tenter de se libérer, mais en vain. Il la tenait bien fort.

Il regarda partout autour pour voir s'il ne trouverait pas son or et son argent, mais il ne vit que les carcasses des deux chevaux, étendues sur la grève. Il prit alors le chemin du retour et au bout de quelques jours il arriva à la maison. Sa mère était tout étonnée de le revoir. Le curé lui avait raconté leur mésaventure et elle avait pensé qu'elle ne reverrait plus jamais son fils.

– Trouve-moi la cage à oiseaux! dit-il à sa mère.

Ti-Jean mit la colombe dans la cage qu'il accrocha ensuite au plafond, au-dessus de la table de la cuisine. Il prit un bon repas, fit manger sa colombe et raconta une partie de ses aventures à sa mère. Après le repas, il lui confia la robe de la princesse, qu'il avait gardée avec lui, et lui ordonna de ne pas laisser la colombe y toucher. Il mit alors son manteau et dit qu'il allait voir son parrain pour savoir ce qu'il avait fait du trésor.

Lorsque Ti-Jean fut parti, la colombe se mit à parler. Elle demanda à la mère de Ti-Jean de lui faire voir la robe de la princesse. Elle accepta de la lui montrer de loin. Mais la princesse trouvait que ce n'était pas suffisant.

– Approchez! Approchez! dit-elle. Je n'en ai pas pour longtemps à vivre, et je voudrais voir de près cette robe que je trouve si belle.

La veuve, attendrie par les propos de la colombe, se rapprocha encore un peu.

– Encore un peu plus! supplia la colombe. Mes yeux sont faibles et je ne vois pas bien.

Et la veuve avança encore un tout petit peu.

– Comme la vue de cette robe me fait du bien! dit la colombe. Je vais pouvoir mourir en paix. Encore un peu! Encore un peu!

Et la veuve, tout émue, s'approcha encore davantage.

Soudain, la colombe sortit la patte de la cage, attrapa la robe d'un coup de griffe et la cage vola en mille morceaux. La veuve, effrayée, se tassa contre le mur et vit une belle jeune fille, toute de blanc vêtue, sortir de la maison en courant.

Lorsque Ti-Jean arriva à la maison et que sa mère lui raconta ce qui s'était passé, il était furieux. Il venait juste d'apprendre où était caché le trésor et il voulait le partager avec la princesse pour qu'elle pût se libérer de son château sous-marin. Mais il était décidé à retrouver la princesse. Elle lui avait sauvé la vie. C'était à lui maintenant de l'aider.

Comme lors de son premier départ, il se prépara un sac de nourriture et prit la route du grand cap. Il n'avait plus besoin du curé, car il connaissait cette fois le chemin par cœur et il savait où se trouvait le trésor.

Au bout de quelques jours de marche, il aperçut le grand cap. En s'approchant, il entendit un bruit infernal. Le vacarme était si fort qu'il avait l'impression que des armées se livraient bataille. En arrivant sur les lieux, il se rendit compte que ce n'était que trois animaux qui se disputaient. Mais quelle dispute! Un lion, un corbeau et une fourmi avaient découvert, au même temps, les carcasses des deux chevaux au pied du cap. Maintenant, ils se disputaient pour savoir lequel des trois avait droit à toute cette nourriture, déjà mangée en partie par les mouches. Lorsqu'ils virent arriver Ti-Jean, le lion s'écria :

– Tiens! Voici un homme. Si vous êtes d'accord, nous allons lui demander de nous servir de juge.

– D'accord! dirent les deux autres. On accepte.

Quand Ti-Jean vit le lion marcher vers lui, il eut peur et se mit à courir dans la direction opposée.

– Non! Non! N'aie pas peur! cria le lion. On ne te veut pas de mal. On a simplement besoin de ton aide.

Alors, le lion expliqua à Ti-Jean quelle était la nature de leur problème, et Ti-Jean accepta de servir d'arbitre. Après un moment de réflexion, il sortit son couteau de sa poche et se mit à découper les carcasses. Il mit les têtes d'un côté, quelques morceaux de viande tendre d'un autre, puis tous les os, avec les restes de la viande, dans une autre pile.

– Voilà! dit-il. Toi, le lion, qui es si fort avec tes grandes dents qui peuvent tout croquer, tu prendras la pile avec les os et tu pourras te nourrir pendant plusieurs jours. Toi, le corbeau, qui n'as pas de dents, tu auras cette pile de chair tendre que tu pourras picorer et tu en auras aussi pour longtemps. Et toi, la fourmi, tu prendras les têtes. Ainsi, tu pourras te faire des tunnels à travers les narines et les oreilles, et tu pourras vivre à l'abri du danger et des intempéries pour le reste de tes jours.

– Merci, Ti-Jean! dirent en chœur les bêtes. Nous sommes vraiment contents. Qu'est-ce que nous pouvons faire pour te remercier?

– Rien, dit Ti-Jean. Si vous êtes contents, j'en suis très heureux.

– Mais non, dit la fourmi. Ce n'est pas suffisant. Si tu n'y vois pas d'objection, je vais te faire un cadeau. Voici, dit-elle, une de mes petites ailes dont je me sers peu souvent. Avec ça, tu n'auras qu'à souhaiter devenir une fourmi et tu deviendras fourmi. Et je t'assure qu'une fourmi peut vivre ce qu'une personne ne vit pas.

Ti-Jean remercia la fourmi et il mit soigneusement la petite aile dans son mouchoir, qu'il replia avant de le mettre dans sa poche.

– Il n'y a pas que les fourmis qui peuvent faire des cadeaux! dit le lion. Moi aussi je voudrais te donner un cadeau. Voici, dit-il, trois poils de ma queue. Prends ces trois poils et le jour où tu souhaiteras devenir lion, tu deviendras lion. Et je t'assure, ajouta-t-il, qu'un lion peut vivre ce qu'une personne ne vit pas.

Ti-Jean le remercia à son tour et conserva

précieusement les trois poils dans un des plis de son mouchoir.

– Eh bien! moi aussi, dit le corbeau, je peux en faire, des cadeaux! Voici trois de mes plumes, dit-il. Le jour où tu souhaiteras devenir corbeau, tu le deviendras. Et je t'assure qu'un corbeau peut vivre ce qu'une personne ne vit pas.

Ti-Jean remercia chaleureusement ses trois interlocuteurs et continua son chemin. Il n'essaya pas de déterrer le trésor afin de ne pas alerter inutilement les animaux. Lorsqu'il arriva juste au pied du grand cap, il se dit : «On va bien voir si les bêtes disaient vrai...» Alors, il souhaita devenir corbeau, et en un rien de temps, il se sentit voler le long de la falaise du grand cap. Il pouvait à peine en croire ses yeux. Il volait comme un corbeau, sans l'aide de personne.

Arrivé au sommet du cap, il redevint Ti-Jean et se dirigea droit vers la cabane de la vieille femme. Elle était bien contente de le revoir. Ti-Jean lui expliqua ce qui s'était passé, et la vieille dame lui fit part, à son tour, de ce qu'elle savait. Depuis que la jeune princesse était rentrée bien en retard au château, aucune des trois princesses n'avait le droit de sortir. Le roi les gardait enfermées dans leurs chambres. Elle dit à Ti-Jean que s'il pouvait trouver le moyen de descendre jusqu'au château, il pourrait sans doute la voir.

– Lorsqu'on tombe sur la terrasse du château, dit-elle, on a le pied sec. Mais le problème, c'est d'y descendre.

Ti-Jean pensa qu'avec ses nouveaux pouvoirs, il pourrait peut-être y arriver. Ainsi, de bonne heure le lendemain matin, il partit en direction du soleil levant, afin de retrouver le lac. Lorsqu'il vit la croix, au milieu du lac, il souhaita à nouveau devenir corbeau. Il put alors voler jusqu'à la croix, sans se fatiguer. Une fois là, il se percha sur l'un des bras de la croix et redevint Ti-Jean. Comme il savait bien nager, il pensa qu'il allait essayer de rejoindre la château en plongeant directement en dessous de la croix. Il respira profondément, retint son souffle et fit un plongeon. Une fois dans l'eau, il pouvait déjà distinguer la silhouette d'un château. Il continua à descendre en suivant le poteau de la croix. Deux minutes plus tard, il se retrouva debout sur la terrasse du château, les pieds au sec. Enfin, il put respirer! Et personne ne l'avait vu!

Ti-Jean se transforma alors en fourmi, et quelques instants plus tard, il entrait lentement à l'intérieur du château. Il lui fallut presque toute une journée pour explorer ainsi toutes les chambres du château en se faufilant entre les fentes du plancher. Finalement, il découvrit la chambre de sa princesse. Il était content. Mais il n'osa pas se présenter tout de suite. Il attendit, caché dans un coin.

Bientôt, il vit le roi lui-même entrer dans la chambre et souhaiter bonne nuit à sa fille. Il en ressortit quelques instants après, en fermant la porte à clef derrière lui. La belle princesse n'était donc pas seulement victime d'une punition injuste, elle était aussi prisonnière dans son propre château. Ti-Jean jura alors qu'il prendrait tous les moyens possibles pour la délivrer. Il décida donc de se transformer en homme pour lui parler. Lorsqu'elle le vit approcher, elle fut saisie de panique.

– Mon père! Mon père! cria-t-elle. Il y a un homme dans ma chambre!

En entendant arriver le roi, Ti-Jean se retransforma vite en fourmi. Le roi se mit à chercher partout dans la chambre, mais il ne trouva point d'homme.

– Tu n'es qu'une rêveuse, dit-il à sa fille. Il n'y a pas d'homme ici, et aucun homme ne peut entrer dans cette chambre. La porte est fermée à clef, les fenêtres sont munies de barreaux, les murs sont en ciment et il y a plusieurs brasses d'eau au-dessus de nous.

– Non, mon père, dit-elle. Je ne suis pas une

rêveuse. J'ai vu un homme. Il était dans le coin de la pièce et il marchait vers moi. Puis tout à coup, il a disparu.

– Impossible! ma fille. Impossible! Couche-toi et dors!

La princesse se coucha de nouveau. Lorsque le roi fut parti, Ti-Jean réalisa qu'il lui faudrait trouver un autre moyen de parler à la princesse. Il pensa que s'il pouvait lui parler avant d'être vu, il aurait peut-être des chances de lui faire comprendre qu'il voulait l'aider. Alors, il rampa jusqu'à la garde-robe, redevint Ti-Jean, puis il se mit à lui parler doucement.

– Princesse! dit-il. C'est moi, Ti-Jean, je viens t'aider.

La princesse sursauta dans son lit et faillit appeler son père de nouveau. Mais lorsqu'elle reconnut la voix de Ti-Jean, elle fut intriguée et se calma. C'est alors que Ti-Jean sortit de sa cachette.

– Comment as-tu fait pour venir ici? demanda-t-elle en le voyant. Depuis que notre famille et toute la ville ont été punies, personne n'a pu venir jusqu'à nous.

– Ça, c'est mon secret, reprit Ti-Jean. Maintenant, je suis ici et j'ai bien l'intention de vous délivrer tous. Connais-tu le secret de votre libération? demanda-t-il.

– Non! répondit-elle. Mais mon père doit le connaître. Cependant, je suis certaine qu'il ne te le donnera pas.

– Alors, c'est toi qui vas lui arracher le secret, reprit Ti-Jean. Je vais me cacher sous le lit, et lorsque ton père viendra te voir demain, tu lui demanderas le secret pour délivrer le château du lac. Et s'il ne veut pas te le donner, trouve le moyen de le lui arracher.

– D'accord! dit-elle. Je vais essayer.

Le lendemain matin, le roi se présenta à la chambre de la princesse et lui dit, en se moquant :

– Et puis, tu n'as pas vu d'autres hommes dans la nuit?...

– Non, dit-elle. Je n'ai vu personne.

– Tu as trop d'imagination. Je t'avais bien dit qu'aucun homme ne pouvait venir ici.

– Papa! dit la princesse, le visage triste. Comment ferait-on pour délivrer le château des eaux?

– Ça, ma petite fille, répondit-il, c'est tellement compliqué que personne n'y arrivera jamais. Il y a des milliers de personnes qui se sont battues pour nous, mais elles ont toutes été tuées par le serpent géant.

– Le serpent géant? répéta la princesse. Qu'est-ce que cela veut dire, mon père?

– Cela veut dire que c'est à cause de la volonté d'un serpent que nous sommes prisonniers de ce lac. Un serpent qui habite du côté nord du lac. Il y a même des armées qui ont essayé de le tuer, mais personne n'a encore pu réussir.

– Pourquoi faut-il le tuer? demanda la princesse.

– Il faut le tuer, répondit le roi, parce que, dans son corps, il y a un pigeon, et dans ce pigeon, il y a un œuf. Et si quelqu'un pouvait venir casser cet œuf sur la terrasse du château, nous serions délivrés, nous et toute la ville qui nous entoure.

– En effet, acquiesça la princesse, c'est bien compliqué et probablement impossible à réaliser.

– Je crains, affirma le roi, que nous ne soyons prisonniers pour bien longtemps encore.

Le roi souhaita alors une bonne journée à sa fille et il se retira en fermant de nouveau la porte de la chambre à clef derrière lui. Ti-Jean sortit de sa cachette et alla s'asseoir à côté de la princesse.

– Je vais y aller, moi, me battre avec le serpent, dit-il.

– Mais mon pauvre ami, répliqua la princesse, si une armée n'a pu le vaincre, comment penses-tu que toi, si jeune et seul, tu pourras le tuer?

– Ne t'inquiète pas, princesse, dit-il. J'ai des moyens que d'autres n'ont pas. Après tout, ne suis-je pas venu jusqu'ici, alors que personne n'y était encore venu?

Ti-Jean attendit jusqu'au soir afin de ne pas être vu à sa sortie du château. Il dit alors à la princesse :

– Attends-moi ici demain soir, et laisse ta fenêtre ouverte. Car c'est sans doute par là que j'entrerai.

Il se transforma en fourmi et se rendit à la terrasse du château. De là, il se mit à escalader le poteau de la croix. À pas de fourmi, c'était un long trajet, de la chambre de la princesse jusqu'au niveau de l'eau au-dessus du château. Lorsqu'il atteignit l'eau, il se transforma de nouveau en Ti-Jean, et il ne lui fallut que quelques secondes pour remonter jusqu'au sommet de la croix. Rendu là, il souhaita devenir corbeau et il se mit à voler vers le nord. Il n'eut pas besoin d'aller loin avant d'apercevoir le serpent géant. Ses couleurs dégageaient dans la nuit une lumière si vive qu'on le voyait de loin.

Ti-Jean décida d'attaquer le serpent avant le

lever du soleil afin de le prendre par surprise. Arrivé près du serpent, il souhaita devenir lion, et en un instant, il rugissait en face du serpent géant. Le lion se battit longtemps avec le serpent. Il fallait à tout prix qu'il évitât son venin, sans quoi il devait s'attendre à mourir. Il avait quand même réussi à le blesser; mais le serpent livrait une telle bataille que Ti-Jean aussi était fatigué. Il souhaita alors devenir corbeau, et il se mit à picorer la queue du serpent avec son bec. Le serpent essayait par tous les moyens de lui lancer son venin, mais le corbeau était si rapide qu'il n'arrivait jamais à le toucher.

Le soleil était déjà haut dans le ciel et la bataille durait toujours. Mais le serpent montrait de plus en plus de signes de fatigue. Ti-Jean continuait à se transformer d'un animal à l'autre, afin de confondre davantage le serpent. Vers midi, lorsque Ti-Jean vit le serpent s'étendre par terre pour se reposer, il se transforma en homme, sortit son couteau et lui trancha la tête.

Il commença alors à ouvrir le serpent pour trouver le pigeon. Il était si nerveux et pressé, que le pigeon s'envola devant ses yeux sans qu'il pût le retenir. Il souhaita devenir corbeau, et en un instant, il volait à la poursuite du pigeon. Le corbeau avait plus d'endurance que le pigeon, de sorte que, à un moment donné, le pigeon dut se poser sur un poteau pour se reposer. Le corbeau le rattrapa, le fit tomber par terre, et Ti-Jean se retransforma en lui-même.

Il prit le pigeon dans ses mains et le serra de plus en plus fort, jusqu'à ce que l'oiseau pondît un œuf. Il prit soigneusement l'œuf dans ses mains, souhaita devenir corbeau et entreprit le long trajet de retour vers le lac. Arrivé au lac, il décida de se reposer un peu en attendant le coucher du soleil. Il savait qu'il aurait besoin de toutes ses forces pour nager sous l'eau, afin de rejoindre le château.

À la nuit tombante, Ti-Jean souhaita encore devenir corbeau et vola jusqu'à la croix au milieu du lac. Là, comme pour la première fois, il prit une grande respiration, et tout en tenant bien l'œuf dans une main, il plongea. Quelques instants plus tard, il se trouvait sur la terrasse du château, les pieds bien au sec. Il laissa tomber sur la terrasse l'œuf qui se fracassa en mille morceaux; et, merveille des merveilles, l'épais brouillard d'eau qui entourait le château disparut, laissant apparaître une des plus belles villes que Ti-Jean eût jamais vues.

Cette fois, il ne prit pas la peine de se transformer en fourmi pour aller voir la princesse. Il courut à sa fenêtre et se mit à crier :

– Sors, belle princesse! Tu es libre!

La princesse n'en croyait pas ses yeux. Elle n'avait plus vu cette ville depuis sa plus tendre enfance. Le roi était si content qu'il ne cessait de remercier Ti-Jean de son beau travail. Il ordonna d'organiser une grande fête au château et invita Ti-Jean à y participer. Mais celui-ci refusa. Il dit que son but était de délivrer la princesse parce qu'elle lui avait rendu service, et que c'était tout ce qu'il voulait. Maintenant, il devait poursuivre sa route, car un trésor l'attendait, mais il n'était pas encore certain de pouvoir le retrouver. En partant, il dit cependant à la princesse, qui aurait bien voulu le retenir :

– Si un jour je deviens riche, je reviendrai te voir!

Puis il dit au revoir à tout le monde et se dirigea vers l'ouest, au milieu de la nuit.

LE VILAIN BENJAMIN

Il était une fois un village dans lequel habitait un roi très riche. Il était marchand de soie et avait épousé une des plus belles princesses du pays. Il possédait deux gros navires et parcourait souvent les mers, se rendant jusque dans les vieux pays pour acheter du velours et de la soie.

Le château du roi se trouvait d'un côté de la route, tout au haut d'une colline. De l'autre côté de la route habitait un homme nommé Benjamin, qui était tout aussi riche que le roi. Il possédait beaucoup de terres et avait une vingtaine de personnes à son service. Benjamin venait souvent chez le roi et essayait toujours de trouver un moyen de lui soutirer une partie de son argent. C'était un homme qui ne pensait qu'à s'enrichir.

Un jour, alors que le roi devait partir faire un autre voyage dans les vieux pays, Benjamin vint le trouver et lui dit :

– Cela ne t'inquiète pas de laisser ainsi ta femme toute seule et de partir si loin? Elle pourrait bien commencer à s'ennuyer et à t'être infidèle, ou bien décider de quitter le château!

– Ne t'inquiète pas, répondit le roi. J'ai une femme qui est très fidèle. Aucun homme n'a jamais pu l'approcher.

– Ne te vante pas trop, reprit Benjamin. On ne sait jamais! Je pourrai peut-être t'apporter des preuves du contraire!

– Si tu m'apportes des preuves du contraire, dit le roi, je te donnerai un sac d'or.

Et le roi partit sans s'inquiéter des menaces de son voisin.

La sorcière du village venait, elle aussi, souvent chez le roi. Elle avait gagné la confiance de la reine, qui la laissait entrer au château n'importe quand. Souvent, la sorcière s'arrêtait aussi chez Benjamin et discutait de choses et d'autres avec lui. Un beau jour, Benjamin lui raconta la discussion qu'il avait eue avec le roi concernant la fidélité de sa femme. Il aurait bien voulu trouver un moyen d'obtenir ce sac d'or. La sorcière promit de l'aider s'il était prêt à partager avec elle la fortune qu'il obtiendrait. Il accepta.

La reine devait accoucher pendant l'absence du roi. Lorsque le moment de l'accouchement fut arrivé, la sorcière vint au château pour l'aider. Elle avait préparé son plan depuis longtemps.

La reine mit au monde non pas un, mais trois enfants : un garçon et deux filles. La sorcière les cacha aussitôt et installa à leur place trois petits chiens. Quand la reine se réveilla, la sorcière lui dit qu'elle avait eu trois petits chiens. La belle reine ne comprit pas ce qui s'était passé. Mais comme on lui avait appris à être une femme soumise, elle accepta son sort avec résignation.

Son travail terminé, la sorcière prit les trois enfants qu'elle avait cachés et les plaça dans une petite boîte en bois qu'elle laissa aller à la dérive sur la rivière.

Il y avait, en aval du château, un vieux moulin à farine qui marchait à l'eau. Après avoir passé plusieurs jours à flotter sur l'eau, la boîte arriva au vieux moulin. Lorsqu'il n'y avait pas de grain à moudre, le meunier fermait la vanne du canal qui amenait l'eau à la grande roue. Ce jour-là, le moulin était arrêté, et la boîte vint s'immobiliser contre la vanne. Comme il ventait très fort, la boîte frappait constamment contre la vanne. Le lendemain, lorsque le meunier apporta du grain au moulin, il entendit un drôle de bruit derrière le panneau. Il alla voir ce qui se passait et découvrit une étrange boîte en bois, bien fermée. Il la sortit de l'eau et l'emmena à la maison. La meunière, curieuse de savoir ce que la boîte pouvait bien contenir, décida de l'ouvrir. Quelle ne fut pas sa surprise d'y découvrir trois enfants. Le meunier et sa femme crurent d'abord que les enfants étaient morts, mais en les examinant de plus près, ils constatèrent qu'ils respiraient encore.

La meunière n'avait jamais eu d'enfants. Avec l'accord de son mari, elle décida de prendre les enfants à sa charge et de les élever. Elle s'occupait d'eux comme une mère. On avait appelé le garçon Jean, et les deux filles, Jeanne et Janette.

Lorsque le roi revint de son voyage, Benjamin alla le trouver au quai pour lui dire que sa femme n'avait pas été fidèle, car elle avait accouché, pendant son absence, de trois chiots. Il réclama son sac d'or.

– Ah non! dit le roi, ce n'est pas une preuve. C'est un accident de parcours. Cela peut arriver. Il me faut de meilleures preuves.

Benjamin essaya de le convaincre, mais il n'y avait rien à faire; le roi tenait à son idée. Benjamin n'était pas content et la sorcière non plus. Ils se promirent que la prochaine fois, ils trouveraient de meilleures preuves.

Quelques mois plus tard, le roi décida de repartir pour les vieux pays. Benjamin vint encore le trouver et lui dit :

– Si tu veux, on va conclure un marché; on

gagera domaine contre domaine. Si je peux te fournir une bonne preuve, tu me cèdes ton château et tes terres. Si je n'en trouve pas, je te laisse tout mon domaine.

Comme le roi avait confiance en sa femme, il accepta. Ils signèrent un papier comme quoi le château du roi et les richesses qu'il contenait appartiendraient à Benjamin si celui-ci trouvait de bonnes preuves que la reine n'était pas fidèle; sinon, le domaine de Benjamin appartiendrait au roi.

Après le départ du roi, Benjamin alla trouver la sorcière et lui dit :

– Si tu m'aides cette fois à trouver de véritables preuves, je te promets que tu pourras vivre dans le château du roi à sa place et que tu seras traitée comme une princesse pour le reste de tes jours.

La sorcière était bien contente. D'autant plus qu'elle avait juré de se venger parce que son premier plan n'avait pas réussi. Ils cherchèrent donc ensemble un moyen de prouver au roi que sa femme n'était pas fidèle.

Pendant l'absence du roi, Benjamin se rendait souvent chez la reine pour essayer de la prendre en faute. Voyant que personne d'autre ne venait au château, il chercha lui-même à la séduire. Ainsi, il insistait pour jouer aux cartes avec elle afin de l'approcher suffisamment pour lui prendre les mains. La reine devint tellement agacée par lui qu'un bon jour, elle se fâcha et lui cria :

— Va-t'en! Je ne veux plus que tu remettes les pieds dans ce château tant que le roi sera absent.

Benjamin était fou de rage. Il voyait déjà son château disparaître. Il alla voir la sorcière et lui raconta son malheur :

— Il faut absolument faire quelque chose, dit-il. Le roi va bientôt revenir et je n'ai pas encore de preuves. Je vais perdre toutes mes richesses.

— Je cherche un moyen de t'aider, répondit la vieille sorcière, mais je ne trouve pas de preuves; la reine ne sort jamais, et personne, à part toi et moi, n'entre au château.

Un beau jour, la reine devint malade et elle demanda aux gardiens d'aller chercher la sorcière pour qu'elle la soignât. C'est à ce moment-là que la sorcière eut l'idée d'un deuxième plan. «Si le premier n'a pas marché, pensa-t-elle, celui-ci devrait réussir.» Le lendemain matin, elle alla trouver Benjamin.

— Tu vas vite me fabriquer une boîte, ordonna-t-elle, suffisamment grande pour que je puisse t'enfermer dedans.

— Que veux-tu faire de moi? demanda Benjamin.

— Je t'emmène chez la reine, répondit-elle. J'ai un plan pour prouver au roi que sa femme n'est pas fidèle.

Le soir, la sorcière arriva au château avec sa boîte, qu'elle tirait derrière elle sur un petit chariot.

— Où vas-tu avec cette boîte? demandèrent les gardes.

— Je viens pour guérir la reine, répondit la sorcière. C'est ma boîte de médicaments. J'aimerais que vous m'aidiez à la monter dans la chambre de la reine.

Lorsque la malade vit cette boîte, elle posa la même question que les gardes, et la sorcière lui donna la même réponse. Elle prit le pouls de la reine, examina ses yeux, puis alla chercher un médicament dans la boîte. C'était de l'eau anesthésiante. Elle en donna un peu à la malade, qui s'endormit aussitôt. Elle fit alors sortir Benjamin de la boîte.

— Maintenant, au travail, dit-elle. Il faut trouver deux ou trois preuves pour montrer au roi que sa femme n'a pas été fidèle.

Benjamin trouva d'abord deux mouchoirs brodés avec les initiales de la reine. Il les mit dans sa poche en disant :

– Voilà, j'ai une preuve.

– Ce n'est pas assez, répondit la sorcière, il faut trouver mieux que cela.

Benjamin lui enleva alors son alliance et l'enveloppa dans un des mouchoirs.

– On peut trouver encore mieux, dit la sorcière. Regarde ici!

Et elle lui montra une plaque rouge sur la poitrine de la reine. C'était une tache de naissance. Un très long poil noir poussait au milieu de cette plaque. Elle dit à Benjamin :

– Tu pourras raconter au roi ce que tu as vu et lui apporter le poil comme preuve!

Benjamin était content. Il prit son canif, coupa le long poil et l'enveloppa dans l'autre mouchoir. Il reprit ensuite sa place dans la boîte, et la sorcière demanda aux gardes de redescendre son coffre de médicaments.

Le lendemain, on annonça que la reine avait bien dormi et qu'elle se sentait déjà mieux.

Benjamin pouvait à peine attendre le retour du roi. Lorsqu'il apprit que son bateau arrivait au port, il courut le rencontrer au quai.

– J'en ai, des preuves, cette fois! cria-t-il au roi.

– Alors, viens me les montrer, dit le roi.

Il fit monter Benjamin à bord du bateau. Benjamin lui montra d'abord le mouchoir, avec l'anneau de mariage.

– Oh! ce n'est pas une preuve valable! dit le roi. Ça pourrait être le mouchoir d'une autre personne ayant les mêmes initiales; ou encore, la reine aurait pu le perdre, tout comme la bague.

– Puisque tu trouves que ça ne suffit pas, dit Benjamin, je vais te donner d'autres preuves.

Et il lui raconta que la reine avait une plaque rouge sur la poitrine où poussait un long poil noir. Et pour prouver qu'il l'avait bien vu, il lui montra le poil. Lorsque le roi vit le long poil dans le second mouchoir, il devint rouge de rage. Mais comme il était un grand roi, il savait contenir sa colère. Il dit lentement à son voisin :

– Tu as raison, Benjamin! Mon château et mes terres t'appartiennent. Va-t'en, maintenant, et laisse-moi seul.

Le roi se mit alors à arpenter le pont de son navire. Des idées sombres lui passaient par la tête. Il savait que, pour être fidèle à la tradition, il devait se débarrasser de sa femme, même en sachant que cela lui ferait beaucoup de peine. Avant de retourner au château, il appela le capitaine.

– Gardez l'équipage ici et le bateau prêt à repartir, ordonna-t-il. Puis, allez vite en ville chercher un cercueil en bois que vous mettrez à bord.

Arrivé chez lui, il ne dit pas un mot à sa femme. Elle lui posait des questions, mais il ne répondait pas. Il cherchait même constamment à l'éviter. Le soir venu, il lui dit enfin :

– Va mettre ta robe de noces et viens avec moi. Nous allons faire un petit voyage en bateau.

La reine obéit, pensant qu'ainsi elle arriverait peut-être à le faire parler. Mais il n'en était rien; le roi n'ouvrit la bouche que pour donner des ordres. Ils montèrent dans le bateau qui quitta aussitôt le quai. Une fois arrivé au large, le roi emmena sa femme dans la pièce où se trouvait le cercueil et lui dit :

– Maintenant, couche-toi là-dedans!

– Mais que veux-tu faire de moi, demanda-t-elle? Pourquoi agis-tu ainsi? Ai-je fait quelque chose de mal?

Le roi ne répondit pas à ses questions. Il dit simplement :

– Couche-toi là-dedans, comme je te le dis. Tu verras, je ne te ferai pas de mal.

Comme la reine avait été habituée à la soumission, elle obéit, encore une fois. Lorsqu'elle fut dans le cercueil, le roi ferma le couvercle à clef et laissa glisser le cercueil à la mer. Le bateau fit demi-tour et retourna au quai.

Le roi céda alors son château et ses terres à Benjamin, puis il s'en alla vivre seul, dans la petite maison de la vieille ferme qu'il possédait encore, non loin de son domaine. Le lendemain, la sorcière s'installait au château et Benjamin prenait possession des biens et des pouvoirs du roi.

Quelque temps après, un vieux pêcheur de hareng était en train de lever ses filets lorsqu'il vit une belle boîte en bois flotter sur l'eau. Il s'approcha pour voir si elle ne contenait pas quelque trésor. Quand il s'aperçut que c'était un cercueil, il décida de le haler sur la côte, pour le remettre en terre. Arrivé au petit quai qu'il s'était construit près de sa maison, il appela sa femme pour qu'elle vînt l'aider. Avant qu'il ne commençât à creuser, cependant, sa femme lui dit :

– On devrait regarder dedans. Ce n'est peut-être qu'une boîte vide.

Le vieil homme alla chercher des outils pour ouvrir la boîte, mais il dut casser les serrures pour arriver à l'ouvrir. Quel ne fut pas leur étonnement, en soulevant le couvercle, de trouver au fond de la boîte, non pas un cadavre, mais une femme encore vivante, habillée en robe de noces. À en juger par la richesse de sa robe, cette femme devait être une reine. Ils l'emmenèrent à la maison, lui donnèrent à boire, et bientôt, elle reprit vie. Ils la gardèrent chez eux encore quelque temps, et peu à peu, elle reprit ses forces.

Mais cette femme n'était plus celle qu'elle avait été. À la suite du choc qu'elle avait reçu, ses cheveux étaient devenus tout blancs, et elle ne parlait presque plus. Cependant, elle se rappelait bien ce qui s'était passé, mais elle ne voulait rien raconter au vieux pêcheur et à sa femme. Un bon jour, elle leur annonça :

— Vous avez été très aimables de me garder chez vous aussi longtemps. Il m'est impossible de rester ici davantage, car je ne peux plus supporter de voir la mer. Il faut aussi que j'aille gagner ma vie afin de retourner un jour dans mon pays.

Elle les remercia encore une fois de leur bonté, puis partit à travers les champs. Au bout de quelques jours, elle entendit parler d'un gros fermier qui cherchait des jardiniers. Elle se présenta chez lui et prétendit qu'elle avait longtemps travaillé comme jardinière. Le fermier la crut et la prit à son service.

Pendant ce temps, Jean, Jeanne et Janette avaient grandi, et le meunier et sa femme les envoyèrent à l'école. Ils aimaient tellement l'école et apprenaient si vite, que l'institutrice en était émerveillée. Tout le monde aimait ces trois enfants. Mais ils ne purent fréquenter bien longtemps l'école. Le meunier n'avait pas beaucoup d'argent, et il avait besoin de Jean pour travailler au moulin et à la ferme. Quant aux deux filles, elles devaient aider la meunière à la maison. Ils durent donc abandonner l'école.

Après quelques années de travail chez son père adoptif, Jean commença à travailler ici et là, à l'extérieur, pour gagner de l'argent. Le meunier et sa femme pensaient qu'il devait être très intelligent, car chaque fois qu'il revenait à la maison, il rapportait toujours plus d'argent que les fois précédentes. Mais Jean avait une idée en tête. Il savait que ses sœurs et lui avaient été trouvés à leur naissance, et il ne voulait pas qu'ils fussent un fardeau pour le meunier et sa femme.

Un jour où Jean arriva chez lui avec beaucoup d'argent, il décida que le temps était venu de se construire une maison pour y loger ses deux sœurs jumelles et lui-même. Il se mit donc à la recherche d'un terrain agréable à habiter. Il avait souvent remarqué deux beaux domaines, de chaque côté du chemin, tout au sommet d'une colline, en allant vers la mer. Il était attiré par l'endroit. Un jour, il s'arrêta devant l'un d'eux pour demander s'il n'y avait pas une terre à vendre près de là. Ce fut Benjamin qui vint à sa rencontre.

– Ces deux châteaux m'appartiennent, dit-il, et les deux terres me rapportent beaucoup. Ce n'est donc pas chez moi que vous trouverez un terrain à acheter.

Jean dut repartir, un peu triste. En descendant de la colline, il aperçut une petite maison très loin de la route, au fond de la vallée. Il s'aventura jusqu'à elle. La maison était habitée par un vieil homme mal habillé, qui avait l'air triste. Lorsque Jean lui dit ce qu'il cherchait, l'homme lui répondit :

– Vous arrivez à temps, jeune homme. J'étais autrefois un homme riche, mais j'ai tout perdu dans une gageure, sauf cette petite ferme. Je dois, chaque année, vendre quelques arpents de terre pour vivre. Il me reste encore un terrain de ce côté-ci de la route, que je dois maintenant vendre si je veux continuer à vivre ici. Si l'endroit vous intéresse, je vous le vends.

– Marché conclu, répondit Jean qui, sans le savoir, venait d'acheter un morceau de terre de son véritable père.

Aussitôt le terrain acheté, Jean commença à y construire une belle et grande maison.

Le roi était content de ses nouveaux voisins, mais il n'en alla pas de même pour Benjamin et la vieille sorcière. Ceux-ci voyaient d'un très mauvais œil l'arrivée de ces trois jeunes inconnus. Comme ils étaient du même âge, Benjamin s'imagina que ces jeunes étaient peut-être les trois enfants que la sorcière avait jetés à la rivière. La vieille ne le pensait pas; mais comme la présence de ces jeunes l'inquiétait, elle chercha un moyen de les faire disparaître.

Un beau jour, la sorcière pensa à la source du jardin clôturé qui se trouvait dans le bois, près de son ancienne maison. Elle se dit que cela serait un excellent moyen de se débarrasser de ces inconnus. L'eau de cette source avait le pouvoir de faire pousser des rosiers; mais il fallait guetter la barrière du jardin, car lorsqu'elle se fermait, toute personne qui se trouvait à l'intérieur était transformée en statue de sel. La vieille sorcière alla voir ses nouveaux voisins. Les deux filles étaient seules à la maison. Jean était parti depuis quelques semaines travailler à l'extérieur. Elle leur dit :

– Pourquoi ne plantez-vous pas des arbustes autour de votre maison? Je connais un moyen de faire pousser des rosiers en quelques jours.

Elle leur expliqua où se trouvait la source et comment il fallait utiliser l'eau. Quelques jours plus tard, Janette décida d'aller chercher de cette eau magique. Elle n'eut pas de difficulté à trouver la source et put y remplir facilement sa petite bouteille. Mais lorsqu'elle voulut sortir, la barrière se referma devant elle, et elle fut changée en statue de sel.

Le lendemain matin, Jeanne, tout inquiète de ne pas voir Janette de retour à la maison, décida de partir à sa recherche. Elle trouva le jardin et vit cette statue qui était à l'image même de sa sœur. Elle alla jusqu'à la source et y puisa deux petites bouteilles d'eau. À cet instant, un perroquet argenté survola le jardin et vint se poser sur son épaule.

– Ta sœur a été transformée en statue de sel, dit-il, et tu le seras toi aussi dans trois minutes si tu n'es pas sortie d'ici. Mais, avant de sortir, jette un peu d'eau de cette source sur la statue de ta sœur.

Jeanne partit en vitesse vers la barrière et aspergea, en passant, la statue avec l'une de ses bouteilles d'eau. Sa sœur retrouva tout de suite la vie et suivit Jeanne hors du jardin. Lorsqu'elles furent sorties, Janette raconta à Jeanne ce qui s'était passé, et comment elle s'était vue changer en statue de sel au moment où la barrière se refermait. Le perroquet les accompagna jusqu'à la maison et leur révéla que quelqu'un essayait de les détruire, mais qu'il ne savait pas qui c'était. Comme le perroquet leur avait sauvé la vie et qu'elles se sentaient protégées par lui, les deux filles lui demandèrent de demeurer avec elles. Il accepta.

Le lendemain, lorsque Benjamin vit pousser les rosiers à côté de la maison de ses voisins, il appela vite la sorcière.

– Ton plan n'a pas marché encore une fois, dit-il.

– Oui, je sais, répondit la sorcière. Elles ont trouvé le moyen de m'échapper. Comme elles savent maintenant que quelqu'un les poursuit, il vaut mieux ne rien essayer pour le moment. Autrement, on pourrait se faire prendre et ce serait notre mort.

Benjamin et la sorcière décidèrent donc de laisser leurs voisines tranquilles pour quelque temps, et Jeanne et Janette, accompagnées du perroquet, purent vivre paisiblement dans leur belle maison entourée de roses.

Pendant ce temps, l'ancien roi avait dû quitter sa petite maison pour aller gagner de l'argent, car il n'avait plus rien à manger. Il trouva du travail chez un gros fermier. Durant les longues soirées d'hiver, la jardinière du fermier venait souvent parler avec lui. L'ancienne reine avait reconnu son mari, mais elle-même avait tellement changé que le roi ne la reconnut pas. De toute façon, il ne la pensait plus vivante. Ils vécurent ainsi dans la même ferme pendant plus d'un an. La reine essayait, de temps en temps, par des questions détournées, de savoir pourquoi il avait voulu se débarrasser d'elle. Mais le roi évitait toute question sur sa vie privée.

À l'automne, comme la récolte avait été particulièrement bonne et qu'il ne restait plus rien à faire dans les champs, le fermier accorda une semaine de congé à ses meilleurs serviteurs. L'ancien roi et la reine étaient du nombre; mais ni l'un ni l'autre ne savait où aller. La reine pensa : «J'aimerais quand même aller revoir le château où nous avons vécu.» Elle demanda donc au roi s'il ne pouvait pas l'emmener à l'endroit où il avait vécu durant sa jeunesse. Le roi lui répondit que cela était impossible et il lui expliqua pourquoi :

– J'étais autrefois un roi très riche, qui possédait un immense château et qui s'était marié à une jolie princesse. Mais, dans une gageure, j'ai tout perdu, même ma femme; et il ne me reste plus maintenant qu'une vieille maison en ruine.

La reine le supplia tellement qu'il finit par céder. Le roi décida donc de l'emmener voir sa vieille maison. Même s'il ne lui avait pas tout raconté, elle croyait comprendre maintenant ce qui s'était passé.

Arrivée sur la colline, elle reconnut bien les lieux. Mais elle s'étonna d'y voir une nouvelle maison. Le roi expliqua qu'il avait vendu le terrain à une jeune homme qui voulait s'y loger avec ses deux sœurs jumelles. La reine, qui commençait à comprendre de plus en plus la situation, eut une idée.

– Pourquoi ne feriez-vous pas une soirée dans votre maison, dit-elle au roi, afin de montrer aux gens que vous êtes de retour? Vous pourriez y inviter les habitants du château, les nouveaux voisins et quelques personnes des alentours.

Le roi ne voulait pas. C'était pour lui comme un déshonneur d'inviter des gens dans cette vieille maison. Mais la reine insista tellement qu'il finit par céder. On fit donc les invitations pour le lendemain soir. Tout le monde avait accepté, sauf Jeanne qui ne voulait pas sortir sans son perroquet. Quand le roi entendit cela, il la pria de venir avec son perroquet.

Le soir venu, les invités se présentèrent les uns après les autres. Benjamin et la sorcière étaient parmi les premiers arrivés. La soirée s'annonçait très gaie. Tout le monde parlait et riait, et le roi était très content de ses nouveaux voisins. Au début de la soirée, la reine avait demandé au roi les clefs de la maison. Lorsqu'elle vit que tout le monde était arrivé, elle alla fermer les portes à clef.

Comme c'était l'habitude dans ces soirées, à la fin du repas, chacun se mit à raconter l'histoire de sa vie. Lorsque le roi raconta son histoire, il ne dit pas que c'était contre Benjamin qu'il avait gagé. La reine ne révéla pas non plus que son mari l'avait jetée à la mer. Benjamin lui, se vanta longuement de ses richesses et de la manière dont il avait réussi à obtenir un château sans débourser un sou. La vieille sorcière essayait de lui faire signe de ne pas trop se vanter, mais il ne l'écoutait pas.

L'histoire de Jean dura plus longtemps que celles des autres. Il en avait vu, des pays! Il avait voyagé sur des bateaux, travaillé pour des rois et vécu les aventures les plus extraordinaires. Tout le monde était en admiration devant ce jeune homme si beau et si intelligent. Quand ce fut le tour de Jeanne de parler, elle se leva et dit tout simplement :

– Moi, je n'ai rien à dire, mais mon perroquet aimerait parler à ma place, si vous voulez l'écouter.

Le roi accepta volontiers. Il trouvait même l'idée amusante. Mais Benjamin et la vieille sorcière commencèrent à avoir peur. Depuis le début, ils n'avaient pas aimé que ce perroquet argenté assistât à la fête. Le perroquet s'adressa d'abord au roi et dit :

– Vous, vous étiez le roi de ce pays, n'est-ce pas?

– Oui! dit le roi, c'est exact.

– Vous aviez aussi une femme, qui était la reine, n'est-ce pas?

– Euh... oui, répondit le roi.

– Qu'avez-vous fait de cette femme? demanda le perroquet.

Le roi comprit qu'il devait maintenant dire la vérité. Il répondit :

– J'avais gagé que ma femme était fidèle, et lorsqu'on m'a donné des preuves du contraire, je l'ai jetée à l'eau.

– Vous l'avez jetée à l'eau pour si peu?

– Oui... Mais il y avait aussi autre chose : elle avait accouché, pendant une de mes absences, de trois petits chiens.

– Non, Votre Majesté! dit le perroquet. Vous vous trompez! Vous avez eu trois enfants, et c'est la sorcière ici présente qui, poussée par Benjamin, a jeté vos trois enfants à la rivière et qui a mis des chiens à leur place. Les trois jeunes gens qui sont ici présents ce soir sont vos enfants! Quant aux preuves d'infidélité, c'était aussi une tricherie de la part de Benjamin et de la sorcière.

Cette nouvelle laissa tout le monde bouche bée. Benjamin dit qu'il se sentait mal et qu'il devait aller prendre de l'air. La sorcière prétendit qu'elle était tellement bouleversée qu'elle devait sortir, elle aussi. Mais les deux ne purent aller loin, car ils trouvèrent les portes fermées à clef.

Sur ces entrefaites, la reine était montée dans une chambre où elle avait découvert, pendant la journée, de vieux vêtements qui lui appartenaient. Elle mit une robe de reine et descendit dans le salon. Quand le roi la vit arriver habillée en reine, il crut d'abord voir une revenante. Cependant, lorsqu'elle commença à parler, il la reconnut. Elle raconta alors sa vraie histoire.

Benjamin et la vieille sorcière étaient couverts de sueur tellement ils avaient peur. On les obligea à confesser leurs méfaits. Benjamin fut contraint de céder au roi non seulement son ancien château, mais aussi la belle maison qu'il possédait et toutes ses terres. On décida que la sorcière et Benjamin seraient mis en prison pour le reste de leurs jours.

Le roi et la reine purent reprendre leur château, où ils vécurent heureux, aux côtés de leurs trois enfants.

Table des matières

L'Oiseau de la mort 9

Le prince méconnu 29

La côte magique 59

Le neveu du curé 101

Le grand château blanc 121

Ti-Jean-le-Fort 147

La tête d'or 169

La princesse prisonnière 201

Le vilain Benjamin 227

Achevé d'imprimer
en décembre 1991 sur les presses
des Ateliers Graphiques Marc Veilleux Inc.
Cap-Saint-Ignace, Qué.